正しさをゴリ押しする人

榎本博明

角川新書

序章　「正義の人」か、「危ない人」か？

●落ち度がある人を見つけてはネット攻撃する人たち

落ち度がある人物、あるいは落ち度があると一方的に思い込んでいる人物をターゲットにして徹底的に叩《たた》く。ネット時代になって、こうした行動が非常に目立つようになった。

歌舞伎役者市川海老蔵《いちかわえびぞう》の妻の元アナウンサー小林麻央《こばやしまお》が闘病虚《むな》しく亡くなったのは、多くのファンに大きな悲しみを与えた。

ところが、亡くなって5日後に海老蔵が幼い子どもたちを連れてディズニーランドに行ったのが目撃され、ネット上で批判されるという事件があった。あたかも落ち度を責めるように批判する。

だが、これは落ち度なのだろうか。

まだ1週間も経っていないのに切り替えが早すぎる、喪に服すべきなのに立ち直りが早すぎる、といった批判のようだが、家族の事情は他人にはわからない。大切な母親を亡くした幼い子どもたちを元気づけたいという気持ちをもつのが批判されるべきことなのか。

海老蔵に関しても、ディズニーランドに子どもを連れて出かけたからといって、妻の死のショックから立ち直ったとなぜ言えるのか。他人の内面を、まったく無関係の人間が憶測で決めつけ、そして批判する。そこに漂うのは、正義感という仮面を被《かぶ》った攻撃性である。

よく知られたタレントの不倫ネタは、毎週のように週刊誌を賑《にぎ》わせている。そうした記事をきっかけに、ネット上での批判は異様な盛り上がりをみせる。その結果、問題になったタレントがテレビドラマやCMを降板せざるを得なくなるなど、社会的制裁を受ける。

2016年はじめの不倫報道で問題となり、1年以上の自粛を経て最近復帰し始めたタレントのベッキーも、既婚者である川谷絵音《かわたにえのん》（音楽バンド、ゲスの極み乙女。のボーカル）との不倫が報道されたとき、世間は大騒ぎとなり、すさまじい批判にさらされた。開き直るような2人のLINEのやりとりまでが流出したことで、激しいバッシングとなった。

不倫は批判されて当然だし、バッシングに遭うのもやむを得ない。だが、しょせん芸能界の話なのに、なぜそこまでムキになるのだろうか。

不倫相手の奥さんに対して失礼だとか、謝罪会見で奥さんへの謝罪がなかったといった批判が渦巻いたが、奥さんがどんな人かも知らないのだし、そもそも夫婦関係がどうなっていたかなどまったくわからない。事情もよくわからないのに、被害者である奥さんを引き合いに出し、ベッキーを叩く人の心の中にあるのは、はたして正義感だけなのだろうか。

2020年に開催予定の東京五輪は何かと話題になるが、五輪エンブレムのパクリ疑惑も大騒動を巻き起こした。東京五輪のエンブレムに当初採用されたデザイナー佐野研二郎《さのけんじろう》のデザインに対して、「ベルギーのリエージュ劇場のロゴに似ている。盗作だ」とし、ロゴの制作者から日本オリンピック委員会に使用差し止めを求める文書が送られてきた。

これにより盗作疑惑が浮上し、盗作疑惑を否定する佐野もついに作品を取り下げ、公式エンブレムとしての使用は中止となった。

すさまじいのは、そうした騒動に便乗するかのような興奮を示す人々の存在だ。

ネット上では、佐野の過去のありとあらゆる作品を検索し、それと類似した、パクリ疑惑を突きつけられそうな作品を必死になって探し回り、「このデザインはこれと似てる、パクリだ!」といった主旨の書き込みが相次いだ。

このパクリ疑惑に関しては、毎日数千ツイートがあり、最も多い日は1万件を超えた。そして、ついに「トートバッグ」のデザインのパクリ疑惑について、佐野が流用を認めるということがあった。

だが、ここで注目すべきは、無数に指摘されたパクリ疑惑のうちの1つがほんとうにパクリに該当したということよりも、何の縁もない人物、しかも政策問題などと違って自分たちに影響することもない事柄に対して、多くの人がなぜそこまでムキになって攻撃的な姿勢を示すのかということである。

パソコンに向かって必死に検索する姿を想像すると、何か異様な感じがある。人によっては、普段仕事をしているときよりも、はるかに情熱を注いで作業に没頭している、いつになく興奮と充実感を感じている、といった感じがあったのではないだろうか。

●被災者を代弁する無関係の人たち

熊本地震では甚大な被害が出た。自宅が倒壊したり、倒壊の怖れがあるために自宅に戻れずに路上で過ごすなど、被災地の悲惨な状況が報道を通して全国に伝えられた。

夫や3人の子どもたちと熊本で暮らしているタレントの井上晴美《いのうえはるみ》も、熊本地震で被災し、自宅が全壊し、テント生活を送ることになり、ブログで現地の大変な状況について発信していた。

「涙が出てくる　止まらない」、「もう私たちには何もない」、「物がありません」、「大きな余震が夜中も続いて……寝れなかった」、「また涙が出てくる…ダメだ　強くいなければ泣くのは子どもが寝てる間だけと決めよう」などと、苦しい心境も記していた。

それに対して、「愚痴りたいのはお前だけじゃない」などと批判的な書き込みが複数あり、井上は事情を記してブログの発信をやめた。

もちろん、そうした悲惨な目に遭っている人はたくさんいる。多くの一般の人たちが苦しんでいる。同じようにブログで自分の悲惨な状況や心境を吐露したとしても、一般人ならタレントのように注目を集めることはないだろう。

そのような意味では、一般人よりもタレントの方が多くの同情や励ましを得る可能性が大きい。それがずるいということなのかもしれない。多くの一般の被災者のことを考えたら、タレントの特権を利用するようなことは許されるべきではない、といった一種の正義感に突き動かされた批判かもしれない。

だが、被災して厳しい状況を必死になって生き抜いている人物に、なぜそんな鞭打《むちう》つような非情なことができるのか。そのような非情な行為に正当性があると言えるだろうか。それは、ほんとうに正義感によるものなのだろうか。

このような攻撃的な批判を見るたびに、有名人に対する羨望《せんぼう》、つまり思うように輝かない自分への苛立《いらだ》ちと妬《ねた》みが感じられてならない。

東日本大震災のときも、ちょうど地震発生が3月であったため、まだ激しい余震が続く時期がお花見の季節に重なり、自粛ムードの中、花見をする人たちが激しい非難にさらされるということがあった。

被災者は花見どころじゃない。それは確かだ。だから、お祭り騒ぎをして浮かれるようなことはあってはならない、というのである。

だが、お花見を楽しむなど不謹慎だと怒りを顕《あら》わにしているのが被災者ならわかるが、じつは被災者の様子を身近に知ることもない遠くの傍観者だったりする。

被災者が花見を楽しむ余裕などないのは事実としても、みんながみんな花見をして浮かれている遠方の人々に対して怒りや苛立ちを感じるとは限らない。国民すべてが自分たちと同じように不幸な様子を見せてほしい、楽しそうにしているのはムカつく、という被災者ばかりではないはずだ。

自分個人の視点を被災者に重ね、お花見を楽しむ人たちを批判する人は、はたしてほんとうに正義感で動いていると言えるだろうか。

●規則遵守をすぐに持ち出す

うどん屋の駐車場に消防車が駐車しており、その店で消防団員が昼食をとっていたことが新聞で報じられるということがあった。分団長は「このタイミングで昼食をとるしかなかったが、軽率だった」とし、市の消防本部も「消防車を交通手段として使っており、適切ではない。市民に申し訳ない」とコメントした（中日新聞ウェブ版　２０１７年４月26日）。

報道によれば、その日は朝から市の消防本部で説明会があり、つぎの予定もあったため、そのタイミングで昼食をとるしかなかったという事情があった。

その際の移動手段に消防車を使ったのが問題だとはいうものの、ひとつの仕事からつぎの仕事への移動の途中で食事をとるのがそれほど非難されるべきことだろうか。経路的にほんの少し食事をとるために迂回《うかい》した部分があったとしても、それを公用車を私用に使ったと責めるほどのことだろうか。

そんなに杓子《しゃくし》定規に規則を当てはめて責めるのが、はたして正しいことなのだろうか。

この報道がきっかけとなって、消防だけでなく救急隊員も、病院の売店で飲食物を買ったり、病院の食堂で食事したりすることで市民からクレームが来ないように、自治体のＨＰで市民の理解を求めるＰＲをしていることが広く知られることとなった。

たとえば、船橋《ふなばし》市のＨＰでは、２０１６年から、「救急隊は連続する出動などのため、食事が摂れない場合があります」、「ご理解をいただいた病院の売店等で飲食物を購入し、飲食を摂ることにしました」と市民の理解を求めている。

千葉市消防局のHPにも、「救急隊員が病院の職員食堂などで食事（飲食）をする姿を見かけることがあると思いますが、緊急の要請に対する出動体制は維持しておりますのでご安心ください」と記されている。千葉市消防局では、救急隊員が仕事途中にコンビニで食べ物を買ったり食事したりしてはいけないという規定はないが、そのような行動は自粛し、署に戻って食事を取るようにしているという（J-CASTニュース）。

このように、消防隊員や救急隊員が市民からのクレームをこれほど気にしないといけないといった状況そのものが、異常なことだと思わざるを得ない。

制服を私用に使ってはならない、公用車（消防車や救急車）を私用に使ってはならないといった規定が仮にあるとしても、出動と出動の合間にわざわざ制服を着替えたり、あるいは署に戻って飲食したりする方が、つぎの出動への準備という点でも能率が悪い。コンプライアンス重視の時代だからといって、そこまで規則に縛られる必要はないだろう。

病院や街中の店で、制服姿で飲食物を購入したり食事をしたりする姿を見て、「規則違反ではないか」と通報するのは、はたして正義感による行動なのだろうか。

●それはほんとうに正義感なのか？

このように落ち度があると自らが判断した相手を批判する人たちの言動に触れるにつけ、それはほんとうに正義感に基づくものなのだろうかと疑いたくなることもしばしばである。

一見、正論のように聞こえるケースもある。その場合でも、そこまでムキになって攻撃しなくてもいいのではないかと思わざるを得ないことが多い。正論で批判しているというよりも、言いがかりをつけて攻撃しているといった雰囲気が漂う。

本人は、けしからん相手に対して正論を吐いているつもりなのだろうが、どうしても「正しさ」よりも「見苦しさ」を感じ取ってしまう。

不倫問題を糾弾する場合も、「人を傷つけている。許せない」といって、何か深い事情があるかもしれない相手を平気で傷つけていたりする。

「被災者の身になって考えろ」と批判する場合も、自分が批判している相手の身になって考えるということがまったくできていない。

消防隊員や救急隊員に対して「規則違反だ」と糾弾する場合も、必死に任務を果たそうとしている相手の事情を何もわからずに、やる気を削《そ》ぐようなことを平気でしている。

これらははたして正義感によるものなのだろうか。落ち度を指摘できそうな相手を見つけて攻撃することで鬱憤《うっぷん》晴らしをしているのではないか。そう思わざるを得ないケースが少なくない。

●職場でおかしいと思うことがあるとムキになって人を責める

自分が思っている手順に沿って仕事を進めない人がいると、「こういう手順でやることになってるでしょ！　何でそうしないの!?」と詰め寄るような言い方をする人がいる。たしかに言うことは正しいが、決められた手順通りにしなくてもとくに支障はなく、仕事は滞りなく処理できているのだから、そんなふうに事を荒立てるような言い方をしなくてもいいのにと周囲の人たちは呆《あき》れる。

お客への対応を見ていて、店員仲間の接客態度に気になることがあると、すぐに説教口調で落ち度を指摘する人がいる。だが、言われた側も、それを聞いていた周囲の人たちも、何がそんなに問題なのかがわからない。単に自分がいかによく気がつくかを自慢しているような印象をもってしまう。

開店時間10分前までに来ればいいことになっているから、べつに遅刻ではないのに、ギリギリに来る人たちに、「そんなにギリギリに来て、もし開店前に急に準備しなきゃいけないことが出てきたらどうするの！」と時々爆発する人がいる。たしかに正論だし、本人はいつも30分くらい前から来ているから言う権利はあると思うものの、実際は準備は前日のうちにしてあるし、急に準備する必要が生じたら事前に連絡があるし、とくに問題が生じたことはないので、周囲の人たちはそんなにムキにならなくてもいいのにと思っている。

このように、自分が思う「正しさ」の基準から逸《そ》れていると、それを見過ごすことができずに、文句を言ったり、ムキになって糾弾したりする人がいる。だが、周囲の人はそこまで事を荒立てる必要はないだろうと呆れる。

このような構図になること自体、そうした「正しさ」を振りかざす姿勢には、どこか歪《ゆが》みがあることを暗示しているのではないだろうか。

●自分のやり方をゴリ押しする人

若手がそれなりに工夫して、自分なりに効率的なやり方を模索していると、「何やってるんだ、こっちが言った通りにやればいいんだ。よけいなことするな」と注意し、自分のやり方を強引に押しつける人がいる。

自分が思いつかなかった工夫の仕方があるかもしれないといった視点がなく、何が何でも自分のやり方でやらせようとする。言われた側は、当然ながらやる気がなくなる。

逆の立場でも、同じような問題が生じることがある。ふつうは職場の先輩たちのやり方に従うものだが、まだ仕事の事情もよくわからないうちから、「そのやり方は能率悪いですよ。こうやった方がスムーズにいきますよ」などと自分のやり方をアピールする人がいる。

先輩たちがそのやり方を踏襲しているのには、何か意味があるかもしれないといった視点がなく、頭ごなしに否定する。言われた側は、当然気分を害するが、そんなことにはお構いなしに勝ち誇ったような顔をしている。

どちらの場合も本人は、正しいやり方を叩き込もうとしているつもりであったり、正しいやり方を提案しているつもりであったりするわけだが、その強引な自己主張が周囲の反発を招く。正しいやり方にこだわるというよりも、自分のやり方をゴリ押しする感じがするのだ。

そういう視点からそのタイプを観察してみると、自分が主張したやり方が間違っていた場合でも、自分の間違いを素直に認めないところがある。

ふつうなら、自分の指示したやり方よりも、若手が工夫してやっているやり方のほうが効率的な場合、それを評価するはずだ。ところが、このタイプはけっして認めようとせず、自分の指示に従うように強いる。

あるいは、自分のやり方のほうが能率良くできると思ってアピールしたのに、結局は仕事全体が見えていなかったため勘違いだったことがわかっても、そのことには触れず、何ごともなかったかのようにとぼける。

どちらの場合も自分の工夫のなさや見通しの甘さを認めることがない。となると、それは「正しさ」にこだわっているというよりも、ただ自分のやり方をゴリ押ししているようにも思える。

●「正義の人」と「危ない人」はどのように見分けたらよいのか?

こうしてみると、落ち度があるかに見える人物を批判する人、何らかのクレームをつける人の中には、ほんとうに正しいことを主張している「正義の人」ばかりでなく、日頃の鬱憤を晴らすかのように人を攻撃する「危ない人」も含まれるのではないかと思わざるを得ない。

一見、正しいことを主張しているようでありながら、「そこまでムキにならなくてもいいだろうに」と言いたくなるような、強烈な攻撃性を感じさせる人。そのような人とかかわると、意見や感受性が合わないときなど、思わぬ攻撃を受けることになりかねない。

そうした災難を避けるためにも、どのような人が「危ない人」なのか、その特徴を知っておきたい。

そもそも正義感を振りかざすこと自体が危なさのあらわれなのか、それとも正義感を振りかざすべきときもあるけれども振りかざし方が問題なのか。

次章以降で、じっくり考えてみたい。

目次

第3章　「正しさ」をゴリ押しする行動の背後にある心理とは？　93

第4章　正義感をあざ笑う時代の空気　143

第5章　「正しさ」をゴリ押しする「危ない人」にみられる特徴　159

第6章　「正義の人」が「危ない人」に変わる瞬間　193

第1章

「正しさ」をめぐる攻防がややこしいのはなぜか？

●なぜこの理屈が通じないのか？

当然わかってもらえると思っていたのに、こちらの言い分がまったく通じず、「えっ、何で？」と当惑させられることがある。

「そんなバカな」と思うのだが、どうしても通じない。しかも、向こうは意地悪しているといった感じではなく、自分の言い分が正しいと本気で思っているようなのである。

そんなとき、相互理解ということの難しさを感じざるを得ない。

こっちは、「こんな当たり前の理屈が、どうして通じないんだ？」と不思議に思うが、向こうもきっと同じように思っているのだ。

何を言っても通じないので、「なんでわからないんだ、頭、大丈夫か？」と思ったりするが、向こうも同じように思っていたりする。

なぜそのようなことが起こるのか。

それは、立場が違えばものごとを見る構図が違うからだ。構図が違えば、正しい理屈が違ってくる。ゆえに、持ち出す理屈が違ってくる。これについては、つぎの項以降で、詳しくみていきたい。

そこにさらに感情が絡んでくる。

たとえば、組織には派閥抗争がつきものだ。

ある職場で、二大派閥が熾烈《しれつ》な争いを繰り広げていたため、わりと気心の知れている一方の派閥の中心人物の1人に、「敵は学外に設定すべきでしょう。内輪で争っている場合じゃないじゃないですか」と進言したのに対して、「先生の言うことは頭ではわかるんですけど、私は単細胞な人間だから、どうしても奴らを許せないっていう気持ちになっちゃうんですよ」と言われたことがあった。

何でも率直に話せる、とても人柄のよい人物なのだが、対立派閥の持ち出す理屈にはまったく聞く耳をもたない。相手の理屈をわかろうという気持ちがないのだ。

そうした事例を目の当たりにする機会が多く、理屈と理屈の応酬の不毛さを感じ、気持ち面での折り合いがつかない限り、理屈の応酬は決着しないと思うようになった。

だが、元々感情面でのもつれがない場合でも、立場の違い、つまり前提となる価値観の違いにより、理屈が通じないということが、現実には非常に多いのである。

心理学者シュプランガーの価値観による人間の類型はよく知られているが、そこでは価値観によって人間を理論型、権力型（政治型）、経済型、社会型、審美型、宗教型の6つに類型化している。

たとえば、政治家が人を自分の思うように操ろうとして、いろいろと策略を巡らしたり、利用価値のある人間関係を結ぼうとしたりするのを見て、「嫌らしい人間だなあ、あんな生き方をして恥ずかしくないんだろうか。あんなんじゃ、ほんとうの信頼関係で結ばれた友情とは無縁な淋《さび》しい人生になるだろうに」と批判的になる人がいる。

前者は自分が権力を振るうことに何よりも価値を感じる権力型であり、後者は友情や愛情に基づいた人間関係に何よりも価値を置く社会型である。ものごとの価値を判断する基準が違うのだから、それぞれが正しいと思っている理屈が相手には通じないのも当然のことと言える。

●能力に応じた待遇　対　年功序列の待遇

日本の組織では、長らく年功序列の待遇が用いられてきたが、近年業績評価によって給与に差をつけるようになり、年功序列のシステムは崩れつつある。

多くの人は、年功序列が崩れるのは、世の中の流れからして当然と思っているかもしれない。だが、能力に応じた待遇が望ましいか、それとも年功序列的な待遇が望ましいかは、そう簡単に決着する問題ではない。

たとえば、給料や昇進の話でなく、学校での進級や学級編成の話になると、今でも能力に応じた待遇には反対の雰囲気が強い。能力に応じた教育が受けられる習熟度別学級編成の方が教育効果があることがわかっても、能力によって学級編成するのは、低い学級に入れられた生徒が傷つくから好ましくないといった反応が強く出てくる。

理解できない授業ばかり受けても意味がないため、進級の基準に達しない生徒は留年させて、基礎をしっかり身につけてから進級した方が学力がつくのに、同じ年齢の子が学年が違ってしまうのはかわいそう、一緒に入ってきた子は一緒に上の学年に上げてやりたいといった声が強く、留年が当たり前の欧米社会と違って、滅多なことでは留年はない。その結果、同じ年齢なら同じ学年ということになり、学力に関係なく学年が上がっていく。

欧米のように教育効果が上がらず学力が身につかないのはかわいそうというのでなく、同じ年齢なのに学年に差がつくのはかわいそうという発想が強い。

そこには、母性原理の強い社会と父性原理の強い社会の価値観の違いがある。それによって、どうするのが公平で、どうするのが不公平か、が違ってくる。

ユング心理学者の河合《かわい》隼雄《はやお》は、母性原理を「わが子はみんな良い子」の原理、父性原理を「良い子だけがわが子」の原理というように、それぞれを特徴づけている。つまり、みんなを同じように扱い、仲間の間に差がつかないようにするのが母性原理、能力によって扱いに差をつけることで鍛え上げるのが父性原理、といった感じになる。留年させず、落ちこぼれがでないことを第一に重視する日本の教育は、まさに母性原理に基づくやり方と言える。

そのような価値観に立つ社会であれば、「同じ年齢の人間は同じ待遇を受けるべき」といった考え方が広く共有されているわけだから、会社の待遇も年功序列が望ましいということになるだろう。

しかし、それでは能力が高い人物、業績を上げている人物が報われないではないかといった反論が出る。母性原理が強いと、能力の低い者も、頑張らずにパッとした成果を出せない者も、簡単に切り捨てられることがないが、能力の高い者や成果を出している者が不満を感じやすい。

その一方で、欧米のように、能力や業績によって昇進や昇給に大きな差をつけるのは好ましくないといった意見も出てくる。父性原理が強いと、力をつけるように鍛えられる代わりに、力のない者に対しては容赦ない。能力の低い者や成果を出せない者は、あっさり切り捨てられ、どこまでも落ちていき、極端な格差社会になっていく。

じつは、この問題は、古代ギリシア時代から議論されてきたものなのだ。哲学者プラトンは、独裁制における極端な不平等と民主制による無差別な平等のどちらを求めるかで、国内には争いが絶えないという。

その背後にあるのは、平等に関するほとんど正反対の2つの考え方である。1つは、だれもが等しく与えられる無差別な平等が望ましいという考え方。もう1つは、能力や徳や教養など、それぞれの本性に応じて比例配分されるのが平等だという考え方。

そしてプラトンは、「不等なるものにそれぞれその本性に応じて与えられる平等」（『プラトン全集13　ミノス　法律』岩波書店）こそが正義であるが、内紛を避けるため、大衆の不満を和らげるために、無差別の平等をやむなく用いなければならないこともあるとしている。

能力のある者は能力に応じた待遇が与えられるのが正しい平等であると考え、能力の低い者はだれもが無差別に同じ待遇を与えられるのが正しい平等だと考える。ゆえに、前者の平等観に基づいた政策をとった場合、能力がそれほど高くない一般大衆が不満をもち、社会が混乱する。ゆえに、やむなく2種類の平等を用いなければならない。

このように、立場によってどのような平等を正しいとみなすかが違ってくるということは、すでに古代ギリシア時代から指摘されているのである。

●キャリアがすべて　対　家庭が第一

最近では、一億総活躍社会などといったキャッチフレーズが政府から流され、保育施設の充実が叫ばれ、子どもは0歳児から施設に預け、男女とも子育てから解放され、自分のキャリアを追求できるようにしよう、といった価値観が広められている。

そのため、できるだけ子どもを預け、男女とも子育てから解放されるのが正しいこと、それが妨げられるのは好ましくないことのように考えられている。

だが、ここで問題になるのは、子育ての価値、あるいは子どもの価値である。

子どもと共に生きていくために生活の糧を得る必要があり、子どもを預けて稼がなければならないといったケースでは、もちろん子育てから解放されて働きに出られるような制度が必要であろう。

だが、経済的に困窮しているわけではないが、親それぞれが自分の活躍のため、キャリアの追求のため、子どもが足枷《あしかせ》になるから、何としても子育てから解放されなければならない、ということになると、事情は違ってくる。

そこで前提とされているのは、子育てという仕事は、個人のキャリアの追求の妨げとなるもの、子どもというのは個人の活躍の足を引っ張る存在、とみなすような価値観である。だからこそ、だれもが子育てから解放され、思う存分キャリアを追求できる社会にしよう、そのためにだれもが子どもを預けて働きに出られるように保育施設を充実させよう、ということになるのである。

だが、世の中の子をもつ親のすべてがそのような価値観を持っているわけではない。子育てをキャリアの追求や個人の活躍の障害となるものと考えるのではなく、将来の社会を担っていく次世代を育てる重要な仕事とみなす人たちもいる。

そのような人は、子どもを預けて働きに出るのがあるべき姿だ、何が何でも自分のキャリアを追求すべきだというような世の中の動向に違和感を覚えている。子どもはもっと価値ある存在とみなすべきだし、子育ての価値をちゃんと認めるべきだと思っている。「自分が、自分が」といって子どものためといった視点がなく、自分の活躍しか眼中にない人たちに対して、「なんて自己中な人たちなんだろう」と、その未熟さに呆《あき》れたりしている。

私は、子育て支援をしていた頃に、ある市の議会に呼ばれ、市民が傍聴する中、子育て政策についての議論に参加したことがある。そのとき、ある団体を代表する人が、「子育てが楽しいという母親が、女性の地位の向上を妨げている。そのようなケースでは、母子を制度的に引き離し、目覚めさせる必要がある」といった主旨の発言をするのに驚いたものだった。

個人がどのような価値観をもつかは自由だとしても、自分の価値観こそが絶対的に正しいとみなし、対立する価値観を全否定する政策を求める姿勢に啞然《あぜん》とした。だが、今の国の政策は、そちらの方向を向いているように思われる。

そうした風潮の中、価値を置かれない子どもたちの自己肯定感の低下といった問題も生じている。さらには、子育てに苛立《いらだ》ち、社会から取り残されているような閉塞《へいそく》感に苦しむ親が多くなっている。

私が行った201の幼稚園の園児の保護者を母集団とする意識調査では、子育ての価値を否定している親は「子育てノイローゼ」の徴候が強くみられ、「子育て閉塞感」も強いが、子育ての価値を肯定している親は「子育てノイローゼ」の徴候も「子育て閉塞感」も弱い、といった傾向がはっきりあらわれていた。

価値観の違いが、ものごとに対する感受性、自分の状況の受け止め方の違いをもたらしているのである。

こうしてみると、自分のキャリア追求がすべて、自分の活躍が何よりも大事という価値観と、将来の社会を担う次世代育成という子育てこそが重要な仕事であり、自分のためという視点から抜け出せないのは未熟であるとする価値観を比べて、どちらが正しいかは、簡単に決着する問題ではないのである。

●自由競争は正しいのか、競争は排除すべきなのか

自由競争を奨励し、規制緩和を要求してくるアメリカによる圧力のもと、日本の政府はあらゆる領域において、つぎつぎに規制緩和を打ち出す。

そのような政策を支えているのは、自由競争による仕事の獲得、自由競争による価格形成は絶対的に正しいといった価値観である。

だが、自由競争によって低価格競争が際限なく行われ、価格破壊が企業を追い込み、労働者を低賃金で酷使せざるを得ない状況が生じており、自由競争に歯止めをかけなければ市民の生活が成り立たなくなるといった懸念が生じている。

最近になってアメリカやＥＵ諸国で保護貿易を求める声が高まっているのも、そういっ

た状況によるものと言える。

だが、アメリカは、自国は保護貿易に走ろうとしているのに、日本など他国には自由貿易を求める、といった矛盾する行動を取っている。

そうなると、自由競争が正しいのか、競争はある程度規制すべきなのか、という問題には、どちらが正しいという正解はなく、その場その場のご都合主義で自由競争をすべきだ、競争は規制すべきだ、といった主張がなされていることがわかる。

その都度、どちらを主張したいかにより、都合の良い理屈を持ち出すわけだ。

そうした矛盾は、アメリカの政策に見られるだけでなく、日本国内にも見られる。

このように言うと、仕事を受注する際に入札による競争にしないと「不正」とされるのに、業者が政府の要人とつながりがあると入札なしで受注できたりしている実態を思い起こす人もいるだろう。

だが、そのような不正問題に限らず、ごく日常的なところで、自由競争を奨励している政府の方針とは正反対の競争の排除が、堂々と行われている。

たとえば、運動会で徒競走を廃止したり、順位をつけるのをやめたりする動きが広がったのは、いわば自由競争の排除である。理由は、足の遅い子が傷つくということだった。

そこで、体育の時間に足の速さを測っておき、運動会では各クラスの1位同士、15位同士、30位同士というように、足の速さに差がつかないような組み合わせで走らせたりする。そのため、各クラスの下位者たちは大差をつけられるということはないものの、上位者たちのうちごく一部しか得意な気持ちでゴールすることができない。

徒競走に限らない。学校では、特定の生徒・学生をほめないようにと教員が言われたりしている。ほめられなかった生徒・学生が傷つくからだという。生徒の優秀作品を学校便りやHPに掲載するのも難しくなっている。掲載されない子やその保護者からのクレームへの対処が面倒だからだという。

学芸会で、何人もの主役が入れ替わるといった不自然なやり方がとられることもある。桃太郎を16人の子が演じたといったケースさえある。それは、「なぜウチの子が主役じゃないのか」といった保護者のクレームを怖れてのことだという。

このような配慮がなされたり、ときにクレームがあったりすること自体、一般の人々の間に自由競争に対する否定的な評価が広く共有されていることを表すものではないだろうか。

運動会の徒競走とか、学芸会の主役とか、そんなことはどうでもいいじゃないか。そんなちっぽけな問題と、貿易面や入札の自由競争の問題を、一緒くたにされても困る、という意見もあるかもしれない。

では、もっと大きな問題、しかも貿易面や入札の自由競争よりももっと身近で重大な問題として、受験競争をみてみよう。

受験競争が過酷で、子どもたちがかわいそうだから、競争を緩和する必要があるということで、さまざまな推薦入試が行われるようになった。私立大学では、半数以上が筆記試験なしに入学している。推薦入試は国立大学でも推進されており、これからもっと推薦を増やすようにといった通達が出されている。

生徒の受験をめぐる競争は規制しよう、排除しようということになるのに、どうして低価格を争う自由競争に苦しむ企業のために競争は規制しよう、排除しようということにならないのか。

さらにいえば、学校は勉強する場であり、会社は仕事をする場である。会社では年功序列が崩れ、実力主義、成果主義が重視され、いわば仕事能力による自由競争の世界に移行するのが正しいとみなされているのに、なぜ受験では学力による自由競争を排除するのが正しいとみなされるのだろうか。

このようにみてくると、自由競争が正しいのか、競争は規制もしくは排除するのが正しいのか、という問題には、どちらが正しいという正解がないと言わざるを得ない。どうしたいかがあるだけなのだ。

プラトンが言うように、実力の乏しい一般大衆の不満を解消するために、実力のある者が勝ってしまうような自由競争を排除する必要があるということで、受験競争の緩和を行っているといった面もあるかもしれない。

学力競争では学力の高い者が勝つのはべつにずるいことではないのだが、勉強のできない子の身内などは、「勉強のできる子ばかりが優遇されるのはずるい」といった不満をもつようになりがちだ。そこで、筆記試験だけでなく、面接で学力以外の面も考慮すると言えば、そうした不満が解消されやすい。

だが、入札の不正などと同じように、政府の要人の関係者を入学させやすいように受験競争の緩和を行っているといった面がないと言い切れるだろうか。

私は、推薦入試の際の面接をいろんな大学で担当したが、面接官による評価にはかなりのブレがあった。面接官の性格や価値観が受験生に対する評価に見事に反映されるのである。細かな基準が設定されていても、それぞれの基準についてどう判定するかに主観が入り込む。

評価者の主観によって評価結果が大きく左右されることは、心理学の実験でも証明されている。ゆえに、筆記試験より面接の比重が大きくなればなるほど、主観的評価の入り込む余地が増え、権力者の関係者を優遇しやすくなる。かつては裏口入学と言われたものを、推薦入試の中に容易に滑り込ませることができる。

べつに受験生の身内の権力者からあからさまに依頼されない場合も、忖度《そんたく》が働く。忖度しない場合も、「あの大物の子どもだ」と思うだけで光背効果が働き、「きっと優秀に違いない」といった目で見るため、実際以上に評価が良くなる。

「きっと優秀に違いない」といった目で見ると、確証バイアスが働き、優秀さを感じさせる面にばかり注意が向き、好ましくない面は無視されやすい。

学力による受験競争を正しいとみるか、学力による受験競争は緩和すべきとみるかによって、それぞれが自分の意見の正しさを主張するのに都合の良い理屈を持ち出すのであって、使用可能な理屈はいくらでもあるのである。

こうしてみると、自由競争が正しいのか、競争は規制もしくは排除すべきなのか、という問題も、理屈で決着がつくものではないことがわかる。

●立場が違えばものごとを見る構図が違い、持ち出す理屈が違ってくる

このように立場が違えばものごとを見る構図が違ってくる。そして、持ち出す理屈も違ってくる。

ゆえに、こちらの理屈が相手に通じずに困るとき、議論がどうにも噛《か》み合わないときは、立場の違いを考慮してみる必要がある。立場の違いを棚上げしていては、いくら議論したところで、お互いに自分が絶対に正しく相手が間違っていると信じ込み、相手を攻撃するばかりになる。

立場が違えば、ものごとを見る構図が異なるため、こちらの理屈は向こうには通じないし、向こうの理屈もこちらとしては受け入れがたい。つまり、ある理屈を正しいとみなすかどうかは、立場によって違ってくるのである。

たとえば、すでに取り上げた子育てに対する見方の違いで言えば、自分のキャリア追求が何よりも大事とする立場からすれば、子育てというのはキャリア追求の邪魔になる余分な仕事になり、できるだけやらずに済ませたいということになる。

そのため、保育機能をもつ施設の基準緩和など、子育ての外部化をどんどん推進してい

く社会政策が必要だということになる。そして、男も女も子育てから解放され、それぞれのキャリアを追求し、活躍できるような社会をつくるべきだと主張する。

一方、家庭を第一に大切にしたいという立場からすれば、男女とも子育てから解放され、働きに出ることを推奨する政策は、個人や家族の幸せには無関心な政策者が税収の確保と安い労働力確保のために、「活躍」とか「輝く」といった聞こえの良い言葉で自己愛をくすぐり、家庭外労働へと駆り立てているだけで、現実には「活躍」も「輝く」もほとんどの人には縁のないものだということになる。

そして、子育てを余分な仕事のようにみなす政策者たちは、自分が活躍することばかりを考える自己中な人たちであり、そんな政策者たちから子どもたちを守らなければならないといった使命感をもち、動物でさえ自分の子どもは自分できちんと育てるのに、自分のキャリア追求という自己中心的な欲望のために親子のふれあいの機会が奪われるのは間違っていると主張する。

どちらも自分の立場からすれば正しい理屈を主張しているわけであり、お互いに相手の理屈を受け入れることはできない。

先ほど能力に応じた待遇を与えるべきか、無条件に平等の待遇を与えるべきかといった考え方の対立を取り上げた。それにも通じる問題だが、大学などの教育現場では、成績の悪い学生を留年させるべきか、成績にかかわらず進級あるいは卒業させるべきかで、意見が対立することがよくある。

心理学者の山添正《やまぞえただし》は、スイス留学中に、チューリッヒ大学の日本語学科では、新学期の登録者70人くらいのうち卒論までたどりつくのは2～3人という厳しさなのに驚いたという。入学した学生のほとんどが一緒に卒業する日本とは大違いである。

「そんなに厳しくして、学生やら、親ごさんたちが文句を言いにきませんか」

「単位の足らない学生のために、その担当の教授に頼んで、単位をもらえるようにしたことがある」

などと山添が言うと、

「それはいったいどういうことか、自分の教えていることに責任を取らないのか」

などと、向こうの教授から恐ろしく厳しい批判が返ってきたという。

山添は、日本では学業達成が不十分な学生を落第させるような勇気ある教員は非常に少ないといい、落とせば学生に恨まれるし、親が懇願しに来るし、就職が決まっていれば採用先の人が怒る、つまり本人も家族も大学も社会組織も学生の学業達成を重視していないというように、日本の大学の実態について述べている。そのため、単位が足りず卒業できそうにない学生が自分のゼミ生にいれば、その学生のために、単位を落とした科目の担当教員に何とか単位を出してもらえないかと頼んで回ったりしなければならなくなるという。

これは、けっして大げさな話ではない。実際に私自身も、相当に成績の悪い学生たちのゼミ教員から就職が決まっているから何とか通してほしいという文書が回ってきたり、教務担当者から落とした学生の数が1割近いのは多すぎるからもっと受からせてほしいと強く頼まれたりというようなことを何度も経験している。

ここで教員が直面せざるを得ないのは、成績が合格基準と比べて著しく悪い学生に学力を高める努力をさせるために敢《あ》えて単位を与えず、再度頑張らせるといった教育的配慮をするのが正しいのか、それとも就職が決まっているのだから、あるいはすでに一度留年しているのだから、温情で単位を与えてやるのが正しいのか、といった葛藤《かっとう》である。

多くの大学組織は、授業料を貰《もら》っているのだから、極力温情で単位を与えるという方向を推奨するため、内心は学生に力をつけさせるべきと思う教員も、よほどのことがないかぎり温情で単位を与えざるを得ない。

基準点数に届かない学生には単位を与えず、再度努力をさせて力をつけさせるべきだというのが正論かもしれないが、経営側からは、留年が多かったり卒業率が悪かったりすると、文科省からの補助金獲得に差し障りが生じたり、評判が悪くなって志願者が減ったりして、経営に響くため、どんなに成績が悪い学生であっても極力単位を与え、留年しないように、卒業できるようにすべきだといった理屈が突きつけられる。

それに積極的に同調する教員は、どうせできない学生は留年させてもまじめにやらないし、できるようにならないから、教育効果など期待できないので、単位を与えて社会に出してやった方がいいとか、就職内定者を留年させたりすれば、その企業は来年からこの大学の学生を採用してくれなくなるだろうから、今後の学生の就職に差し障りが出てくるなどと、教育的配慮とは別次元の理屈を持ち出してくる。

このように、立場が違えばものごとを見る構図が違ってきて、持ち出す理屈が異なるのである。

政治討論会を見ても、国会中継を見ても、それぞれの言い分が見事にスレ違うばかりで、その議論の不毛さに呆れるばかりだが、お互いのものごとを見る構図が違うのだから、持ち出す理屈が異なり、話が噛み合わないのは当然である。

●論理が違えば「正しさ」が違ってくる

こうしてみると、立場が違えばものごとを見る構図が違い、正しさを判断する枠組みが異なるため、いくら議論したところでスレ違うばかりだということがわかる。

結局、ものごとは理屈では決着がつかないのである。

戦争が起こるのも、そのような事情による。双方とも自国の主張が正しい、向こうの主張は間違っている、と信じている。自分たちが自分勝手な言いがかりをつけているといった意識は、どちらにもない。

なぜこっちの言うことがわからないのだ、おかしいじゃないか、とんでもない横暴な国だ、と苛立つ。そして、相手国に対する不信感を募らせる。だが、相手国も同じように思っているため、双方とも譲り合わず、不信感から敵意が生まれる。だから戦争になるのだ。

その結果、戦争に勝った側の理屈が正しいということになり、敗戦した側は、戦勝国側の論理を全面的に受け入れざるを得なくなる。

「正義が力をもつ」ことが理想なのだが、現実は残念ながら「力が正義となる」といった状況になっている。

そのため、「力が正義となる」といった考え方に便乗して、武力で他国を支配しようという国が出てきたり、資本力にものを言わせて国境の壁を越えて縦横無尽に搾取しようというグローバル企業やそれを後押しする国があらわれたりする。

だが、戦争で多くの人々が血を流し、命を失うのは悲しいことであり、避けるべきであろう。また、資本力にものを言わせて弱小企業を追い込み、力ずくで打ち倒し、多くの人たちを路頭に迷わせるようなやり方が許されるのでは、富が一極集中することになってしまい、けっして望ましいこととは言えない。

だが、「力が正義となる」といった状況では、力ずくの勝負を規制することはできない。強者の側の論理が正しいということになってしまうからだ。

そこで求められるのは、相手の立場への共感による相互理解と歩み寄りである。ものごとを理屈によって決めようとすると、どっちの理屈が正しいかの争いになり、強者の全面的勝利になってしまう。理屈では争いごとは解決しない。

そこで、理屈の正しさを競うのをやめるのである。自分の側の理屈ばかりを主張するのではなく、相手の主張の根拠となる理屈を理解しようと想像力を働かせ、それを尊重し、できるだけ満たしてやろうとする姿勢を取るのである。

そのためには、相手側の論理の背後にある相手の立場や思いに共感することが大切となる。これは、欧米式のディベートが根づいておらず、自己主張よりは思いやりと共感が重視され、相手の立場や気持ちを思いやることに価値が置かれる日本では、伝統的に取られてきた姿勢と言える。そこのところを改めて見直す必要があるのではないか。

●一方的に自己主張できるネット空間の弊害

問題はネット空間の広がりだ。相手の立場や気持ちを思いやる日本に文化的に根づく心の構えが、ネット空間の広がりによって崩されつつあるのだ。

そもそもネット空間は、相手は目に見えず、声も聞こえず、存在感が希薄なため、相手に気を遣わずに一方的な自己主張がしやすいといった特性をもっている。

対面状況だと、目の前の相手の反応が臨場感をもって伝わってくるから、

「ちょっと言いすぎたかな」

「感じ悪いことを言っちゃったかな」

と気になったり、

「傷つけるようなことを言わないようにしなくちゃ」

などと自然に配慮したりする。

　ところが、ネットの世界では、相手の存在感が希薄なため、相手の立場や気持ちを考えずに、つい一方的な自己主張をしがちである。自分ひとりの世界にいるかのような心理状態で、自分の思うことを遠慮なく書き込んでしまう。

　その結果、うっかりまずいことを書いてしまい、責任を問われたり、人を傷つけるような発信をしてしまい、謝罪を迫られたりする人も出てくる。

　他人に対する配慮がなくなるという問題だけでなく、感情的になって、歪《ゆが》んだ正義感で人を叩《たた》くようなことも平気で行われやすいという問題もある。

　商品や店員の態度に対するクレームがネット上に投稿され、それが一気に拡散し、企業や店の業績が悪化したり、ときに廃業にまで追い込まれるケースさえあったりする。

　投稿した本人以外には、事の真相はわからないわけで、もしかしたら非常に歪んだ書き込みかもしれないのに、

「それは酷《ひど》い、許せない」

などと正義感を刺激される人が出てきて、拡散していく。リツイートしている人は、純粋に正義感に駆られているのかもしれないが、大本の情報が個人的な恨みや妬《ねた》みによる中傷だったり、腹立ち紛れの言いがかりだったりしたら、それはけっして正しい行為とは言え

ず、むしろ不当な中傷に手を貸す行為と言わざるを得ない。

ネット空間の拡張により、本人は正義感で動いているつもりでありながら、じつは不当な行為に手を貸している、というようなことが頻繁に起こっているのではないだろうか。

●ネット空間がもたらす幻想的万能感が歪んだ正義感を煽る

ネット空間ではだれもが不特定多数に対して発信でき、影響力を行使できるということが大きい。

かつてはそのような影響力を行使できるのは、マスコミ関係者や何らかの専門家に限られていた。だが、ネット社会になって、その気になればだれでも不特定多数に対して自分の意見や思いを発信することができるようになった。

自分の書き込みによって、店の経営者や従業員を追い込むことができる。学校の責任者や教師を追い込むことができる。病院の経営者や職員を追い込むことができる。人気タレントやスポーツ選手を追い込むことができる。そのような思いに駆られる人が出てくる。

発信力を手にしたことで、「自分は世の中に影響を与えることができる」、「自分には大きな力がある」、「自分は何でも思い通りにすることができる」といった幻想的な万能感をもつ人が出てくる。

そこで、有名人のインタビューなどを見ていて、ムッとするような発言があると、「許せない」といった思いに駆られて攻撃的な書き込みをする。店の店員や病院の職員の言葉や態度にイラッと来ると、「許せない」といった思いに駆られて攻撃的な書き込みをする。

そうした書き込みをする人は、幻想的万能感をもち、自己誇大感に浸っているため、「自分は絶対に正しい」と思い込み、許し難い相手に天誅《てんちゅう》を加えるような気分で攻撃しているのだが、相手には相手の言い分がある。立場が違えば、別の論理がある。

ネット空間では、相手の存在感が希薄なことと、幻想的万能感や自己誇大感に浸りやすいことが相俟《あいま》って、自分の正しさを過信し、「正しさ」をゴリ押しするような発信をしてしまいがちなのである。

●ネット「私刑」に駆り立てる正義感

法律では裁かれないものの、倫理的にとても許せないことをする人物がいる。そのような行為の被害に遭うこともあるかもしれないし、そのような行為をする人物についての情報を得て憤りを感じることもあるかもしれない。

政治家の不祥事が暴かれたときなどに、記者会見の場で、「適切でなかったかもしれませんが、けっして違法ではありません」「違法ではないのですが、誤解を招きかねないので、今後はきちんとしたいと思います」などと釈明するのを聞くことがある。いわば、法の網の目をくぐるかのように、ずるいこと、えげつないことをしているのが見え見えなのに、自己正当化をしている。

そのような人物の開き直ったかのような言動に、悪事を働く者が法的に罰せられないのはおかしいと義憤に駆られる。世の中の理不尽を強く感じる。

かつて「水戸黄門《みとこうもん》」「必殺仕掛人」などが共感を呼んだのも、その勧善懲悪的な原理を引き継いだ刑事ものが今でも人気なのも、そのような義憤に駆られる人が多いことの証拠と言える。

権力や財力にものを言わせてやりたい放題をする政治家や官僚、実業家などに対する義憤から、そうした人物を叩くような書き込みをするというのは、けっして非難すべきことではなく、むしろマスメディアの果たすべき役割とも言える。

だが、とくに権力者でも著名人でもない、ごくふつうの人物をネット上に実名や写真を公開して告発するとなると、看過できないものがある。

「撮り鉄」の少年2人が、駅ビルの10階から数百枚の写真をばらまき、大量の写真が空から舞い落ちるという騒動があった。写真はすべて同じ男性が撮影されたものだった。ばらまいた少年たちによれば、電車の撮影現場でいつも割り込んでくる悪いヤツがいるので、その人物の写真をばらまいたのだという。

ばらまかれた写真は瞬時にネット上で拡散し、少年たちの軽はずみな行動を批判する声も多かったが、確かにマナーが悪そうな顔をしているというような写真の印象に関する書き込みもあった。

被害者とみられる男性は、「俺の写真が大阪駅にばらまかれてる。助けて、死にたい」、「撮り鉄やめよかな、辛い、病んでます」と書き込んだ（産経デジタルｉｚａ　２０１４年10月16日）

これは割り込みという犯罪ではない問題行動を起こす人物を糾弾するものだが、万引きした人物や飲酒する未成年者の写真をネット上に投稿する「晒《さら》し」行為も蔓延《まんえん》している。

ネット問題に詳しい神戸大学大学院の森井《もりい》昌克《まさかつ》教授は、そのような行為に関して、「悪いことをした人に制裁を加えようとする、ゆがんだ正義感に裏付けられている」と指摘する。ひとたび晒されれば、それを見た人たちがあっという間に個人を特定し、ネット上で悪口を言い、ときには学校に通報したり、自宅に嫌がらせの電話をかけたりして追い詰める。「私刑」と揶揄《やゆ》されることもある。森井は「正義だと思って、その場のノリでやっているだけなので、当人は罪悪感が薄い」とする（同）。

いじめ自殺が起こったときなども、加害生徒の名前や写真がネット上に晒されたり、その親の名前や勤務先などの情報が晒されたりするケースがみられる。さらには、何らかの勘違いにより、実際は無関係の人が加害者として実名や写真を晒されたりするといった事態も生じている。

そこでは深刻な人権侵害が行われているのだが、やっている人たちにはまったくそうした意識はなく、自分は正しいことをしていると信じ込んでいる。正義感に酔っていると言ってもよい。

たしかに、ネット上に投稿する人たちにも言い分がある。被害者は人権侵害どころか、とんでもない目に遭って、死に追い込まれたのに、なぜ加害者が未成年だからといって人権を守られるのだ、不公平ではないかというような思いがあったりする。

いわば、いじめを苦にしての自殺という悲惨な事件によって触発された義憤に駆られ、加害者の実名や写真を晒す行動に出るのだろうが、そこには加害者の人権を守るといった視点はない。

Ｊ－ＣＡＳＴニュースが実施した調査によれば、「犯罪者に対するインターネット上の私刑」についてどう思うかという質問に対して、「場合によるが、犯罪行為を行ったのだから仕方がないと思う」が41・9％と最も多く、「犯罪抑止力にもつながると思うので、支持する」が19・0％となっており、「ただの集団リンチにしか見えず、するべきではない」は35・7％と3分の1にすぎなかった。

つまり、いわゆる「ネット私刑」に肯定的な人が6割となっており、過半数が「ネット私刑」はありだとみなしているのである。

●相手の痛みが伝わらないから残酷な形で正義感を振りかざす

こうした動向は、ネット社会になっていることの影響が大きいのではないだろうか。

ネット空間では、対面状況と違って、相手の臨場感がなく、相手のことを配慮すべきという心理的圧力が弱いことはすでに指摘した。相手の困惑せざるを得ない状況や心の痛みが伝わってこないため、相手の立場や気持ちを配慮することなく、一方的な判断で、つまり自分なりの正義感を振りかざして、相手を攻撃するようなことになりやすい。

ネット空間でのやりとりには攻撃的な批判や抽象的な書き込みが多いと言われる。実際、ネット空間でのやりとりを見ると、相手の反論を許さないような雰囲気がある。そのような空気に感染するのか、普段は抑制がきいていて、攻撃的なことを口走るようなことのない人物が、ツイッターやオンラインゲームでは口汚く罵《ののし》ったり、強気になって攻撃的な発言をしたりするのに驚くといった話もよく耳にする。

経済学者の山口真一《やまぐちしんいち》たちが、そのことを検証する意識調査を行っている（多摩大学情報社会学研究所・調査会社マイボイスコムが協同で行ったインターネットモニター1万992人を対象とした調査　田中辰雄・山口真一『ネット炎上の研究』勁草書房より）。それによれば、インターネット上のやりとりに対して、つぎのような印象がもたれていることがわかった。

・インターネット上でケンカ腰で、無礼な言い方をされたりして、いやな思いをしたことがある　28％
・インターネットには実世界以上に誹謗《ひぼう》中傷したり攻撃的だったりする人が多いと思う　72％
・インターネットは怖いところだと思う　70％

・インターネットに書き込むには、誹謗中傷されてもくじけない強い心が必要だ　63％
・インターネットは人の目を気にせず言いたいことが言えるのがよい点である　43％
・インターネット上なら強い口調で非難しあってもかまわないと思う　13％

これをみると、「インターネット上でケンカ腰で、無礼な言い方をされたりして、いやな思いをしたことがある」という人は28％にすぎない。だが、自分がネットに書き込まない人はそのような目に遭うことは少ないと思われるため、ネットによく書き込む人に限ると60％に比率が跳ね上がった。

「インターネットには実世界以上に誹謗中傷したり攻撃的だったりする人が多いと思う」についても、自分がネットにまったく書き込まないという人では68・7％だが、よく書き込むという人では83・7％と８割を超えていた。

また、このように思う人は、ネット利用時間が多いほど多く、１時間未満という人では63・０％だが、５時間以上という人では83・４％となっていた。

「インターネットには実世界以上に誹謗中傷をしたり攻撃的だったりする人が多いと思う」、「インターネットは怖いところだと思う」、「インターネットに書き込むには、誹謗中傷されてもくじけない強い心が必要だ」などの項目に過半数が同意していることからみても、ネット空間には攻撃性が溢《あふ》れているというのは単なる憶測ではなく、利用者にとっての現実であることがわかる。

これも、ネット空間では、相手を配慮せずにやりとりすることが多いからではないか。対面状況では、こちらが攻撃的なことを言った場合、相手の傷ついた様子や腹を立てた様子、困惑する様子、悲しそうな様子が、表情や声の調子で伝わってくる。また、相手にも言い分があり、こちらの言うことに対して言い返してくることもある。ときに、こちらにとって痛いところを突かれることもある。そのため、対面の場合は、相手のことを配慮せざるを得ないため、一方的に相手を攻撃するようなことをしにくい。

それに対して、ネットの世界では、相手の様子は一切伝わってこない。相手の姿は見えず、まったく臨場感がなく、一方的にこちらの言いたいことを書き込むだけである。相手からの反応がある場合でも、多くが匿名での発信であるため、こちらに直接向けられるのではなく、ネットユーザー全体に向けて発信するといった形になる。しかも、文字情報しかわからないので、憔悴《しょうすい》しきった表情など相手の傷ついた様子を実感することはない。

このように相手の痛みが伝わってこないからこそ、ネット上では残酷な形で正義感を振りかざすようなことになりやすいのである。

●匿名性も一方的な正義感の振りかざしにつながる

ネットの世界では攻撃的なやりとりが多いことの理由として、相手の臨場感がないということに加えて、自分自身の匿名性が保たれるということがあるだろう。

自分がだれだか相手にも周囲にも知られないわけだから、自分は安全な場所に身を置きながら人を攻撃できる。

万一、自分の視野が狭かったり、情報不足だったりして、判断が間違っており、勘違いの批判だったとしても、自分がだれだかつかまれないため、気まずさを懸念することもないし、責任を追及されたりすることもないため、感情に任せて一方的な正義感を振りかざしやすい。

ネット上で攻撃され、とても嫌な思いをした人たちは、匿名性が保たれるのが悪いという。逆に、つい自分も攻撃的な書き込みをして人を傷つけてしまうことがあるという人も、匿名だからそんなことになってしまうという。

匿名性が攻撃行動を促進するというのは、だれもが容易に想像できるし、経験的に納得できるだろう。そのことを証明した心理学実験もある。

自分がだれだか知られないようにすることを心理学では没個性化というが、心理学者ジンバルドーが行った没個性化に関する有名な実験がある。

実験では、参加者の半分には、匿名性を感じさせるため、全身をすっぽり覆う実験服を着せ、顔も隠させた（没個性化条件）。残りの半分には、自分がだれだか明らかに周囲にわかると感じさせるため、自分の服のまま参加させ、名札をつけさせた（個性化条件）。課題は、学習者が間違えるたびに電気ショックのボタンを押す（偽物であり、実際は電気ショックは与えられない）というものだった。

結果を見ると、没個性化した人たちの方が、個性化した人たちの2倍の電気ショックを与えていた。ここには、人間は匿名になると攻撃性の抑制がききにくくなるということが明らかに示されている。

ネット環境が匿名で人を攻撃できる手段を提供しているために、つい衝動に負けて攻撃的な発信をしてしまい、後味の悪い思いをする人も出てくる。自分が攻撃的な発信をしたことを後悔し、そんな自分に自己嫌悪する人もいるはずだ。攻撃的な書き込みをされた相手側が嫌な思いになり傷つくのはもちろんのこと、攻撃的な書き込みをした本人の側も、一時的にスッキリしても、後味がどうにも悪いものになり、自己嫌悪から自尊心を低下させていく。

このように、匿名で攻撃できる道具は、攻撃する側とされる側の双方を傷つけることになる。むやみに正義感を振りかざすような行為が目立つのも、ネット空間の特性によるところが大きい。

●歪んだ正義感を振りかざすマスメディア

歪んだ正義感を煽《あお》るという意味で、マスメディアの姿勢にも問題があると言わなければならない。

新聞等の報道を見て、なんでこんな一方的な視点からしか報道しないのだろう、これでは読者の視野を狭めてしまうし、歪んだ正義感に駆り立ててしまうではないかと思うことがしばしばある。

たとえば、教師の体罰に関する報道にも、そのような印象がある。ある高校の教師が、校外学習の集合時間に遅れた生徒96人を都庁前で正座させたことが判明したことを取り上げ、これは体罰にあたるとする記事があった。その教師は「遅刻はいけないことだと指導するためだった」と説明したというが、正座は体罰に当たるため、高校側は保護者会で謝罪し、教育委員会はこの教師の処分を検討しているというのである（産経ニュース　2015年7月11日）。

形式論で言えば、もちろん正座は体罰ということになるのだろう。だが、この報道には抜け落ちている視点があるのが気になる。96人もの生徒が遅刻するというような事態について、何もコメントしていないのだ。

なぜこのような実態を問題視しないのだろうか。実態がわからないため、報道の範囲内で考察するしかないのだが、ふつうに考えれば、そんなに大勢の生徒が遅刻したのに、その異常な事態が問題視されずに、正座をさせた教師ばかりが問題視され、謝罪させられ、処分までされるとしたら、生徒たちの規範意識はどんどん薄れていくに違いない。

学校がこのような教育的視点の欠如した批判の目にさらされるとしたら、教師たちは今後どんな態度で生徒たちに接していけばよいのだろうか。このような報道のあり方は、義務を果たさなくても権利は行使できると教えることにならないだろうか。そうした疑問が湧いてくる。さらには、このような報道姿勢は、現場の実態も知らないのに、一方的な視点から、まさに歪んだ正義感を振りかざす姿勢を煽ることになる。

一方的な視点からの報道姿勢に違和感があると同時に、感情反応を煽る報道姿勢にも問題を感じる。

テレビのニュース番組でも、感情反応を煽るような報道スタイルを取るものが非常に多くなったように思う。ニュースキャスターやゲストのタレントが自分の主観的印象を述べたり、ときに感情を剝《む》き出しにしたコメントを述べたりする。問題となっている事柄には何の知識もないタレントが、きわめて未熟なコメントをするのを目にすることもよくある。芸人がウケ狙いの極端な暴言を吐くこともある。

視聴者がものごとを冷静に、理知的に判断する人ばかりで、取り上げられているようなテーマに関して十分な知識がある人ばかりなら問題はないかもしれない。だが実際は、一般の視聴者はもっている情報が少なく、感情的に煽られ、極端な見方に誘導され、歪んだ正義感をもってしまうことが多いのではないか。

本来は、自分の中にうごめく醜い感情や危険な衝動が表に出ないように抑えたりコントロールしたりしなければならないのに、それを表出させるような刺激を与え続けるマスコミの報道姿勢による弊害は非常に大きい。

かつてはニュースというのはもっと淡々と事実を報道するものだった。何が事実かといったラジカルな議論はここでは棚上げするとして、とりあえず視聴者の感情ではなく理性に訴えようという姿勢があり、少なくとも視聴者の感情反応を煽ろうというような意図は感じられなかった。

だが、今では視聴者の感情反応を煽るような報道スタイルが非常に目立つようになった。感情反応や極端な反応を煽るような昨今の報道スタイルが、視聴者からものごとを冷静に判断する心の習慣を奪い、やたら感情的になって極端な反応を示すように誘導していると言えないだろうか。

週刊誌などは、電車内の吊《つ》り広告で記事の見出しを見るだけでも、テレビに輪をかけて極端な感情反応を煽るメディアだということがわかるが、人の妬み心を煽ることに必死な感じがあり、欲求不満をもつ人々の攻撃衝動に火をつける報道ばかりが目につく。

思うようにならない日常に苛立ちを感じ、ストレスを溜《た》め込んでいる一般大衆に、鬱憤《うっぷん》晴らしの場を与えているといった役割があるのもわかる。感情反応を煽ることで、衝動買いを誘おうという営業的な意図も理解できる。

だが、そうしたマスメディアの姿勢が一方的に正義感を振りかざす感情的な心を生み出しているのは間違いないだろう。

第2章

なぜそこまで「自分の正しさ」を信じ込めるのか？

●なぜそんな一方的な理屈を主張できるのか?

第1章では、立場によってものごとを見る構図が違うため、どんな理屈を正しいとみなすかの基準が違ってくるということについて、事例をあげつつ解説してきた。

立場によってものごとの見え方が違うなどということは、冷静に考えれば、だれにもわかることだ。自分と違う考え方をする人にも、それなりの理屈がある。それはお互いに感じることのはずだ。

それにもかかわらず、自分の考えだけが絶対的に正しいと信じ込んでいるかのように、自信満々に自己主張し、人の意見に耳を傾けようとしない人がいる。

なぜそんなに自分の正しさを信じ込めるのか、自分を過信できるのか。

「正しさ」をゴリ押しする人たちを見ると、そこには一定の心理学的な特徴があることがわかる。ゆえに本章では、「正しさ」をゴリ押しする人にありがちな特徴についてみていくことにしたい。

自信満々に一方的な自己主張をする人を前にして、「すごいなあ」と圧倒され、説得されてしまう人がいる一方で、「なんであんなふうに自信満々なんだろう。なんだか滑稽《こっけい》だな」と呆《あき》れる人もいるだろう。どちらのタイプにとっても、まずはこのような人のもつ特徴を知っておくことが助けになるはずだ。

●他の視点からの理屈を想像できない

自分の「正しさ」をゴリ押しする人の口癖に「絶対」という言い回しがある。

「それは絶対に違う」、「それは絶対におかしい」、「自分の言うことが絶対に正しい」など、何かにつけて「絶対」という言葉を口にする。

なぜそうなのか。それは、自分の視点に凝り固まっていて、他の視点からの理屈を想像することができないからだ。

自分と違う意見に対して、「なるほど、そういう見方もあるのか」と思う人と、「そんなふうに考えるのは絶対におかしい」と思う人がいる。

前者は、相手の視点からはそのように見えるのだな、たしかにそういう見方もできるのかもしれないな、と想像力を働かすことができる人である。

それに対して、後者の場合は、自分の視点から抜け出すことができず、相手の視点に立った場合どのように見えているのかを想像することができないのである。

私たちの発達課題に、他者の視点の取得ということがある。他者の視点に立ったとき、どのように見えるかを想像することができるようになるのが発達上の重要な課題とみなされている。

他者の視点の取得がうまくできないと、自分の視点からしかものごとを見ることができず、非常に自己中心的になる。

たとえば、親切のつもりで口にした言葉に反発された場合、他者の視点に立ったときどのように感じられるかを想像できる人は、

「忙しくて気持ちに余裕がなかったのかな」

「嫌味と勘違いされちゃったみたいだな」

「うっかりコンプレックスを刺激しちゃったかも」

などと思い、「仕方ない」といった感じで流すことができる。

ところが、他者の視点から見た景色を想像できない人は、自分の視点から抜け出すことができず、

「こっちが親切で言ってるのに、信じられない」

「どういうつもりだ、許せない」

「なんてヤツだ、あんなヤツとはもうかかわりたくない」

などと腹を立てるばかりで、相手の事情を考慮することがない。

自分の「正しさ」をゴリ押しするのも、このように自分の視点に凝り固まり、他の視点からの理屈を想像できないからと言える。

●共感性が乏しい

自分の視点に凝り固まることに起因する心理傾向として、共感性の乏しさがある。

共感性が高いと、他人を叩《たた》くようなことはなかなかできない。「そんなのはおかしい」、「納得いかない」、「そんなバカな」、「なんでまたそんなことを」と瞬間的に批判的な気持ちになっても、きっと何か事情があるに違いないというように、相手にはこちらとは違う視点があるはずと思えるため、相手の考えややり方を一刀両断に切り捨てるようなことはしにくくなる。

自分の視点に凝り固まると共感性が乏しくなることは、つぎのような精神科医土居健郎《どいたけお》の記述にも示されている。土居は、アメリカに研修に行った際に、アメリカの精神科医の共感性の鈍さに驚いたという。

「私はその間アメリカの精神科医が実際にどのように患者に接しているかをあらためて観察する機会を与えられた（中略）その結果アメリカの精神科医は概して、患者がどうにもならずもがいている状態に対して恐しく鈍感であると思うようになった。いいかえれば、彼らは患者の隠れた甘えを容易に感知しないのである」

「普通人ならともかく、精神や感情の専門医を標榜《ひょうぼう》する精神科医でも、しかも精神分析的教育を受けたものでさえも、患者の最も深いところにある受身的愛情希求である甘えを容易には感知しないということは、私にとってちょっとした驚きであった。文化的条件づけがいかに強固なものであるかということを私はあらためて思い知らされたのである」（土居健郎『「甘え」の構造』弘文堂）

私は、日本の文化を「間柄の文化」、欧米の文化を「自己中心の文化」と呼んでいる。アメリカ人のように個の意識が強く、自分の思うように行動すべきといった価値観で自分中心に生きていると、他者の気持ちに対する共感性が鈍くなるようだ。

一方、個の意識が希薄で、相手との間柄を生きている日本人の場合は、常に相手の立場や気持ちを思いやりつつ自分の出方を調整することが求められるため、共感性が磨かれるのである。

自分の「正しさ」をゴリ押しする人は、いくら何を言っても聞く耳をもたず、とりつく島のない雰囲気があるが、それも自分の視点に凝り固まっているからである。

●思い込みが激しい

自分の視点を絶対視して、他の考えを「それはおかしい」と即座に否定するタイプは、他者の視点を想像することができない。それはすでに指摘したことだが、その単純さが思い込みの激しさにつながる。

たとえば、相手はべつに悪意があるわけではないのに、期待したのと違う反応が返ってくると、

「そんなの、おかしい」

と反発を感じ、

「そんな人だと思わなかった。見損なった」

などと言い出す。

自分の提案に対して賛同してくれると思っていたのに、提案の甘さを指摘されたりすると、ケチをつけられたような気分になって、怒り出す。相手は、中途半端な提案にならな

いようにと真剣に考えてアドバイスしてくれたにもかかわらず、裏切られたような気分になる。

共通の知人に対する文句を言ったのに対して、その人の立場を指摘し擁護するようなことを言われると、

「友だちだと思ってたのに、どっちの味方なの？」

などと言い出す。相手は、中立の立場から、人間関係のもつれをほぐしてあげようとしたのに、裏切られたような気分になるのだ。

このように思い込みが激しいのも、相手にもそれなりの言い分があるはずといった考えがなく、相手の意向を想像してみるという姿勢が欠けているからである。

それは、自分の視点を絶対視する姿勢に基づくものである。自分が見落としていることがあるかもしれない。自分が気づいていない視点があるのかもしれない。自分には想像できない事情が何かあるのかもしれない。そんなふうに自分の視点を疑う姿勢があれば、他人を糾弾するような姿勢は取りにくい。

だが、思い込みの激しいタイプは、自分の視点を疑うことがないため、期待が外れると、つい攻撃的になって、自分の「正しさ」をゴリ押ししてしまうのである。

●熟慮しないから自信満々になれる

正義感を振りかざす人を見ると、「どうしてそこまで自分が正しいと確信できるんだろう」と疑問に思うこともあるはずだ。

なぜ、そんなに自信満々なのか。それは、あまり深く考えないからだ。

楽観的で不安の少ない人は、ものごとを入念に検討しようという姿勢が乏しい。そのため、ヒューリスティックにものを考えて、安易な判断をしやすい。

ヒューリスティックというのは、じっくり考えて判断するのではなく、労力節約のための安易な情報処理をさす。

たとえば、「あの会社も採用しているのだから、これがよいのではないか」、「あの百貨店でも扱っているから、信頼できるはずだ」、「高い方が性能が良いだろう」などといった判断が、ヒューリスティック思考に相当する。

不安が強い人は、いろんなことが気になるため、ヒューリスティックに判断するというような安易なことがしにくく、システマティックな情報処理によって、あらゆる角度からじっくり検討してみないと気が済まない。

だが、いくら情報収集に努めても、入念に検討しても、なかなか自信満々にはなれない。なぜなら、何ごとも深く考えればいろいろとわからないことが出てきて、不安になるからである。そして、仕事のできる人には、そうした不安が強い人が多い。

たとえば、コンペでのプレゼンの準備をしていても、ライバル社がどう出てくるか、どんな質問が出るかなど、あれこれ考えているうちに不安が高まってくる。ライバル社がもっと魅力的な提案を打ち出したらどうしよう、強烈なプレゼンをしてきたらどうしようなどと、ライバルの動向が気になって仕方がない。

あるいは、クライアントはいったいどんな要因を最も重視しているんだろう、その場でいったいどんな質問が出るだろうか、答えられなかったら致命傷だなどと、本番でのやりとりがまた気になって仕方がない。

そこで、新しい情報（製品）が出ているかもしれない、自分がまだ知らない情報（製品）があるかもしれないなどと思い、可能な限り調べまくるため、必要なことを知らずに失敗する確率は低くなり、たいていの質問には無難に答えられるようになる。あり得る要望や質問を想定して提案内容に磨きをかけるため、完成度の高いプレゼンができる。

このように、不安が強いタイプは、不安を何とか払拭《ふっしょく》しようとするために、自然に緻密《ちみつ》にものごとを考える思考習慣が身についているため、結果的に成功する確率が高いのである。

反対に、仕事のできない人は、思慮が浅いために不安が少ないということになる。不安がないから、適当なところで「これで大丈夫」と思ってしまうため、用意周到に準備をするということがないため、なかなか仕事ができるようにならないのだ。

一般に、仕事のできる人の方が不安がないと思われがちだが、そうではないことがわかるだろう。また、じっくり考えれば不安がなくなるはずと思われがちだが、じっくり考えるから不安になるのである。

そうしてみると、やたらと正義感を振りかざす人は、ものごとを熟慮しないから自信満々になれるのだということがわかる。

●認知的複雑性が乏しい

「正しさ」をゴリ押しする人に目立つ特徴は、何と言っても認知的複雑性の乏しさだ。

認知的複雑性とは、ものごとを複雑に、つまり多面的に見ることができるかどうかということである。

認知的複雑性の高い人は、ものごとを多面的に見ることができるため、いろんな人の考え方に共感できる。

だが、認知的複雑性の低い人は、ものごとを多面的に見ることができないため、自分と違う考え方を容認することができない。たとえば、ひとつの出来事に対してもさまざまな見方ができるということを認めることができない。だから、自分の「正しさ」を強引に主張し、意見の異なる人のことを非難したり、攻撃したりするのである。

「正しさ」をゴリ押しする人は、考え方の違う人とうまく折り合いをつけることができず、ちょっとしたことで対立しやすい。

たとえば、受験制度に関して、受験勉強に時間とエネルギーを費やすなんて意味がない、なぜなら数学なんて勉強したって、実生活で方程式も微分積分も使うことなどまったくないし、日本史や世界史の知識なんかなくても仕事に全然支障がない、だから受験勉強などしなくてよいように推薦入学をどんどん増やすべきだ、という意見がある。

一方で、受験勉強に時間とエネルギーを費やすことにも意味がある、なぜなら受験がないとついだらけてしまうが、必死になって勉強することで、頭が鍛えられ、忍耐力もつき、直接実生活に役立たない知識も教養になる、だから受験勉強を排除しようとするのはよくない、といった意見もある。

認知的複雑性の高い人なら、前者の意見に接し、「なるほど、そうだな」と納得した後に、後者の意見に接した場合、「たしかにそういう見方もできるな」と、これまた納得できる。相対立《あいたい》する考え方のどちらにも納得できる理屈があると考えることができる。

ところが、認知的複雑性の低い人の場合、前者の意見に接して「なるほど、そうだな」と納得すると、その後で後者の意見に接しても聞く耳をもたない。一度取り入れた考えと矛盾する意見には心を閉ざしてしまう。

認知的複雑性が低いと、矛盾する情報を頭の中でうまく消化することができないのだ。そのため、矛盾する情報を前にするとイライラする。

説得の心理学でも、認知的複雑性の高い人を説得する場合と低い人を説得する場合とでは、効果的な説得法が違ってくると考えられている。そして、認知的複雑性の高い人には両面的説得法が効果的であり、認知的複雑性の低い人には一面的説得法が効果的とされている。

たとえば、何らかの商品や提案を売り込むとして、そのメリットばかりを説明するのが一面的説得法である。

それに対して、メリットばかりでなく、コストがやや高いとか、使いこなせるようになるまで時間がかかるとか、デメリットも併せて説明するのが両面的説得法である。

認知的複雑性の高い人に、売り込む商品や提案のメリットばかりを説明すると、「調子の良いことばかり言って、何だか胡散臭《うさん》いな」と疑われてしまいかねない。

なぜなら、認知的複雑性の高い人は、常にものごとを多面的にみる習慣を身につけているため、どんな商品や提案にも、メリットだけでなくデメリットもあるのがふつうで、良いことずくめの選択肢などありえないことがわかっているからだ。

ゆえに、認知的複雑性の高い人に対しては、メリットだけでなくデメリットも説明しつつ、総合的な観点からするとメリットの方が大きいというように説得する両面的説得法が効果的となる。

ところが、認知的複雑性の低い人に対してそのような説明をすると、「メリットだけじゃなくて、デメリットもあるなんて言われたら、判断できないじゃないか」、「それを導入した方がいいのか、導入してもあまり意味がないのか、どっちなのかはっきりしてほしい」などと苛立《いらだ》ちを見せることになりやすい。矛盾した情報が頭の中で錯綜《さくそう》し、認知的処理がうまくできなくなってしまうのである。

ゆえに、このような認知的複雑性の低い相手に対しては、複雑な説明はせずに、メリットのみに絞って説明する一面的説得法が効果的となる。

「正しさ」を振りかざす人が、自分と違う意見に苛立ち、攻撃的な反応を示すのも、このように認知的複雑性が低く、相手の言うことを理解できないからなのである。

●価値観の違いを容認できない

自分の意見に疑問を投げかける人に対して、すぐに感情的に反発し、冷静に議論できない人がいる。

いろんな視点から意見を出し合って、最も妥当な判断ができるように、みんなで話し合うわけだが、質問されたり、違う意見を出されたりすると、「ケチをつけられた」とでも言いたげにムッとした表情になり、怒った感じでムキになって反論する。これも、認知的複雑性が低く、相手の言い分を理解できず、自分の意見との共通点と異なる点を整理して統合するということができないからである。

論点の違いの背後に、どうにも折り合いがつけにくい価値観の違いが歴然と存在する場合もある。

たとえば、利潤追求のためには取引先の一部を切り捨てることもやむを得ないという意見と、取引先との信頼関係は大切にしたいからコスト削減や新商品投入で乗り切りたいという意見が対立するようなこともある。

それぞれに理屈があり、自説に有利な理屈を持ち出すわけだが、認知的複雑性の低い人は、自分の意見だけが絶対に正しいと信じ込み、別の考えもあるということがわからない。だから自分の「正しさ」をゴリ押ししようとするのである。

前者の意見の持ち主の場合だと、「取引先との信頼関係などと言うが、それではウチが潰《つぶ》れてもいいって言うのか」、「営利企業なんだから、利益につながらない取引先は切り捨てるのが当然だろう。温情で身を滅ぼすつもりか」などと攻撃的な調子で極端なことを言い出す。

後者の意見の持ち主の場合だと、「そんなことをしてたら他の取引先からもそっぽを向かれて、そのうち足をすくわれるぞ」、「利潤追求のためにはどんな裏切りをしてもいいって言うのか」などと、これまた攻撃的に極端なことを言い出す。

認知的複雑性が低いと、対立する価値観の折り合いをつけるということができないのである。だから、価値観の違う相手を徹底的に攻撃することになりやすい。

認知的複雑性の高い人なら、「そんな人もいるんだな」、「たしかにそういう人もいそうだな」と冷静な反応ができるのだが、認知的複雑性が低いと、「そんな人がいるなんて、信じられない」、「そんな人は許せない」などと感情的になり、攻撃的になる。

たとえば、熊本の震災の時も、メジャーリーグで活躍しているダルビッシュ有《ゆう》の元妻であるタレント紗栄子《さえこ》の被災地熊本への寄付に対して、批判的な書き込みが相次いだ。被災地への500万円の寄付をブログで表明したところ、「偽善だ」、「売名だ」とバッシングの嵐になった。自分が寄付したことをわざわざ宣伝するかのようにネット上に書き込むのは売名のためであり、偽善だといった批判につながったのである。

このケースでは、ブログで寄付したということだけでなく、金額入りの振り込み書類までわざわざアップしてしまう神経は、たしかにどうかと思う。証拠として金額までアップするのは嫌らしいといった感受性を本人が持ち合わせていないところに問題を感じる人たちの思いもよくわかる。このような形のアピールに対して、「偽善だ」、「売名だ」と言いたくなる人が出ても当然かもしれない。

でも、しょせん価値観の違う人間なのだし、「そんな人もいるんだな。あまりに見苦しいな」、「あの無神経には呆れるな。まあ、芸能界の人だし、そんなものかもな」などと冷静になることだってできるはずだ。

それに、たとえ偽善だろうが、売名だろうが、寄付する人がいる方が被災地の人たちは助かる。500万円寄付されれば、その寄付した人の意図はどうあれ、被災者が助かるのは事実なのだし、寄付した人の人格などどうでもいいわけだが、どうしても「許せない」といった思いが込み上げ、攻撃せずにいられなくなる。

価値観の違いを容認できないのである。

●感情コントロールがうまくできない

自分の「正しさ」をゴリ押しする人に欠けているのは冷静さだ。

自分の考えが絶対に正しいと思い込むのも問題だが、たとえそう思ったとしても、そんなにムキになって意見の違う相手を攻撃しなくてもいいのにと思ってしまう。やたら感情的なのだ。そこには、また認知の問題が絡んでいる。

認知行動療法では、不適切な感情は認知の歪《ゆが》みによって生じると考える。

ゆえに、認知の歪み、つまりものごとの受け止め方、とくにネガティブ・ライフイベントの受け止め方の歪みを正すことで、不適切な感情が生じるのを防ぐことができるということになる。

感情コントロールができていない人の心理構造を理解するには、この考え方が参考になる。

認知の歪みには、「根拠のない決めつけ」、「自己関連づけ」、「過度の一般化」、「べき思考」などがある。こうした認知の歪みが、不適切な感情を生むことになる。

たとえば、上司に怒鳴られたとき（ネガティブ・ライフイベント）、「やらかしちゃった、今度から気をつけなくちゃ」と冷静に受け止めることができればよいが、「あんなふうに怒鳴るなんて、きっと嫌われてるんだ」（根拠のない決めつけ）などと歪んだ認知をする人の場合は、やる気をなくすばかりでなく、イライラしたり、うつ的な気分になったりというようにネガティブな感情をもつことになりやすい。

営業ノルマを達成できないときなども（ネガティブ・ライフイベント）、「こんなに景気が悪いのに、売れるわけないじゃないか」（根拠のない決めつけ）と思ったり、「私には営業は向いてないんだ」（根拠のない決めつけ＋過度の一般化）と思ったりすると、「どうせ無理だ」とヤケになり、やる気をなくしてイライラしたり、落ち込んだりといった感情反応を示すことになりやすい。だが、同じ状況でもノルマを達成している人がいることに目を向け、営業のやり方を工夫すれば売り上げが伸びるはずと考えれば、「何とかなる」という思いになり、イライラすることも落ち込むこともなく、やる気も出てくるはずである。

人事評価が思わしくないときなども（ネガティブ・ライフイベント）、「上司から嫌われてるからだ」（根拠のない決めつけ）と思うと、「どうせ頑張ってもムダだ」と開き直ると同時に、ネガティブな感情が湧いて、やる気をなくしていく。上司からどう思われているかなど考えてもよくわからないので、そこにはこだわらずに、自分に足りない点はどこだろうと振り返れば、改善・向上すべき点が見えてきて、「もっと力をつけないと」と前向きになれるはずである。

上司が機嫌が悪いときも（ネガティブ・ライフイベント）、「きっと私のことを怒ってるんだ」（根拠のない決めつけ＋自己関連づけ）と思い込んだりすると、「自分はいつも人をイライラさせてしまう」とミスをした自分を責め、落ち込むなどネガティブな感情に襲われる。そんなときも、上司の機嫌と自分をむやみに関連づけたりしなければ、もっと淡々と仕事に向かえるはずである。

仕事でミスをするたびに（ネガティブ・ライフイベント）、「私はほんとに何をしてもダメだ」（過度の一般化）と思えば、「私は仕事に向いてないんだ」と悲観し、落ち込んだり、自己嫌悪したりと、ネガティブな感情が湧きやすい。そうした過度の一般化をしなければ、とくに感情的にならずにすむし、気をつけるべき点を肝に銘じることでミスを減らしていくことができるはずである。

営業成績が同僚より悪かったときや取引先を怒らせてしまったときなども（ネガティブ・ライフイベント）、「自分は人より優秀であるべきだ」、「失敗すべきでない」（べき思考）といった思いが頭の中にあると、「こんなんじゃダメだ」、「これじゃ見捨てられてしまう」というように自分を責め、落ち込むなど、ネガティブな感情に見舞われやすい。べき思考を緩めることで、「もっと頑張らなくちゃ」、「今度は怒らせないように気をつけよう」と前向きになれるはずである。

このように、知らないうちに習慣化し、身につけている認知の歪みのせいで、感情をコントロールできず、つい攻撃的になって相手を責めるなど、不適切な感情に流されてしまうのである。

●信奉していた相手を突然攻撃し始める

これまで信奉していた人物のことを急に悪く言い始めたり、親しくしていた友だちに冷たい態度を取るようになったりするのも、「正しさ」をゴリ押しする人たちにありがちな特徴だ。

これも、認知的複雑性の低さによるものと言える。

認知的複雑性が高ければ、だれにでも自分と合う面もあれば合わない面もあるのは当然だし、気の合う同士でも意見が異なる場合もあって当然と思えるため、信頼していた人物の考え方が自分と違っても、親しい友だちと意見や感受性が違っても、それはそれぞれの個性として認めることができる。

ところが、認知的複雑性が低いと、会社の会議などで自分の意見に賛同してもらえないと、「味方だと思っていたのに、裏切られた」と根にもったり、友だちが自分の趣味につきあってくれないと「仲良しだと思ってたのに、こんな人だと思わなかった」とこきおろしたりすることになりやすい。

認知が単純なため、自分の意見に賛成してくれないと、嫌がらせをされたみたいに攻撃的になる。自分の趣味につきあってくれないと、突き放されたような気分になり、攻撃的になる。

自分が勝手に同調してくれると思い込んでいただけなのに、同調してくれないと「裏切られた」、「見損なった」などと言い出す。これまで表面化していなかった趣味の違いや感受性の違いがわかっただけで、「騙《だま》された」、「こんな人だと思わなかった」などと言い出す。

せっかく良い関係だったのに、ちょっと思い通りにならないことがあると、相手の評価が180度変わってしまうのである。

認知的複雑性の低い人は、「良い人」か「悪い人」か、自分と「合う人」か「合わない」人か、「味方」か「敵」か、といった二分法的な思考をする癖がある。ゆえに、良い関係にある相手が期待はずれな反応を示すと、「良い人」から「悪い人」へ、「合う人」から「合わない人」へ、「味方」から「敵」へと、相手に対する評価が反転してしまうのである。

このような認知的な単純さがあるため、自分の考えが絶対に正しいと信じ込むことができ、正義感を振りかざして人を攻撃するようなことを平気でするのである。

第3章

「正しさ」をゴリ押しする行動の背後にある心理とは？

●義憤の背後にある葛藤

「正しさ」を振りかざしている人は、本人は義憤に駆られているつもりでいる。許し難いことが行われているから、見過ごすことができず、それを正そうとしているのだと思っている。

たとえば、序章で取り上げた事例のように、消防団員が消防車を店の駐車場に止め、制服のまま食事しているのを見ると、「勤務中に食事をするのはけしからん」、「消防車を私用に使うことは許されない」、「これは市民の税金の無駄遣いだ」ということで、相手の事情を知ろうともせずに、一方的に非難する。

お米のイメージガール募集のチラシに、「色白でスタイルの良い方募集」といった表現にクレームがつき、「お米が好きな16歳以上の女性」という部分も見直し、男女不問のPR大使の募集とした出来事も話題になった。だが、米だから「色白」という発想になったという相手方の事情を考慮することなく、「女は色白でないといけないのか、差別だ」、「色白でない女性を見下している」というような批判をしたくなったのはなぜなのだろうか。

年明けにうどんを食べる習慣を広めるために販売する予定だった「うどんかるた」の中に、「強いコシ色白太目まるで妻」という句が不適切との指摘があり、表現が再検討されるといった出来事もあった。だが、これを笑えるユーモアと受け取らずに、妻をバカにしているとみなして、義憤に駆られたのは、いったいどうしてなのだろうか。

いずれも社会正義のために糾弾しているつもりなのだろうが、よく考えてみれば、勤務を忙しくこなすために制服を着替える時間もなく、仕事の合間に食事を摂《と》っているのである。米だから「色白」を求めただけで、べつに女性は色白でないとダメだなどとは言っていない。ユーモア精神で妻を引き合いに出しただけで、「やあね」と言いつつ笑う妻はたくさんいても、これでほんとうに傷つく妻がどれだけいるだろうか。

このようなことにそこまでムキになって義憤に駆られること自体、攻撃的に批判する人自身の中に、何か葛藤《かっとう》があるのではないかと思わざるを得ない。

●欲求不満がゴリ押しにつながる

「正しさ」をゴリ押しする行動には、どうしても攻撃的な雰囲気が漂っているのを感じざるを得ない。冷静に正論を主張している感じではない。

そこで参考になるのが、心理学の世界ではよく知られている欲求不満―攻撃仮説である。実際、欲求不満になると攻撃衝動が高まるということは、日常生活の場面で、自分自身のこととしても、他人のこととしても、だれもが実感しているはずだ。

たとえば、急いでいるときに前を歩いているグループが横に広がっておしゃべりしながらゆっくり歩いていると、なかなか追い抜けずイライラして舌打ちしたりする。目標に向かう行動が阻止されたため攻撃的になっているのである。

心理学者ダラードたちが唱えた欲求不満―攻撃仮説とは、目標に向けて遂行されていた行動が阻止されると欲求不満が生じ、その解消または低減のために攻撃行動が引き起こされるというものであり、多くの実験や調査によって妥当性が支持されている。

子どもというのは衝動を素直に表す傾向があるが、心理学者バーカーたちは、子どもを対象に、欲求不満が攻撃行動を生み出す心理メカニズムを明確に証明する実験を行っている。

その実験では、まず最初に子どもたちに部屋一杯のオモチャを見せた。その際、子どもたちを2つのグループに分けた。

ひとつのグループでは、オモチャを見せた後、オモチャを手の届かないところに置いて欲求不満を起こさせた。オモチャは金網越しに見えるものの手が届かず、それを使って遊ぶことができなかった。しばらくしてからオモチャで遊べるようにした。

もうひとつのグループでは、オモチャを見せた後、すぐにそれらで遊ぶことができた。つまり、欲求不満を起こさせなかった。

両者のその後の行動を比べると、後者のグループの子どもたちは楽しそうにオモチャで遊んだのに対して、前者の子どもたちはきわめて破壊的で、オモチャを殴ったり、壁に投げつけたり、踏みつけたりといった攻撃行動を示したのだった。

子どもは、大人と違って衝動を素直に表しがちだが、このような実験結果は、欲求不満が攻撃行動を起こさせる端的な証拠と言える。

すぐにオモチャで遊べなかった子どもたちは、欲求不満によるイライラを発散したいといった衝動が込み上げてきて、オモチャを殴ったり、投げたり、踏みつけたりしたのである。オモチャで遊べるのは嬉《うれ》しいはずなのに、それに先だって引き起こされた欲求不満による攻撃衝動が勝ったことになる。

この場合は、欲求不満を起こさせたオモチャに攻撃が向けられているが、攻撃の対象が置き換えられることもある。

職場で納得いかない人事評価を受けたり、取引先の担当者から理不尽に怒鳴られたりして、欲求不満状態にある人が、帰宅途中の電車内で大声で笑いながらしゃべっている人に「うるさい!」と怒鳴ったり、家に帰ってからちょっとしたことで苛立《いらだ》って家族に怒鳴り散らしたりすることがある。

自分なりに自信のあった提案を会議で却下され、欲求不満に陥った人が、持っていた書類を机の上に叩《たた》きつけたり、足下のゴミ箱を蹴飛《けと》ばしたりと、モノに当たることもある。

このように、欲求不満を起こさせた人物や事柄と何の関係もない人物やモノに対して攻撃衝動をぶつけるケースでは、攻撃対象の置き換えが起こっているのである。

電車が遅れているときに駅員を捕まえて怒鳴り散らしている人物。病院の待合室でいつまで待たせるんだと事務職員に食ってかかる人物。そのような人物が目立つ。当人は、いつまでも待たされることが自分の怒りの理由だと思い込んでいるかもしれないが、じつは仕事や家庭で思い通りにならないことや嫌なことがあり、それによる欲求不満がちょっとした遅れを許せないものと感じさせていることがある。

「正しさ」を振りかざして、何らかの落ち度のある人物を執拗《しつよう》に叩くような行動も、このような攻撃対象の置き換えによって行われていたりする。

このような置き換えが起こるようなときは、欲求不満によるイライラを発散したいという攻撃的な衝動が忍耐の限界まで高まっているため、認知の歪《ゆが》みが起こりやすいのである。そのため、普段なら気にならない言葉に挑発性を感じ取って「人をバカにするな！」と怒鳴ったり、いつもと変わらないのに「なんでこんなに散らかしてるんだ！」と文句をつけるなど、あらゆる刺激に過剰に反応しがちとなる。

●生理的欲求不満がもたらす攻撃性

心理学者大渕憲一《おおぶちけんいち》は、欲求不満―攻撃仮説に関する代表的な研究を生理的欲求不満をテーマにしたものと社会的欲求不満をテーマにしたものに分けている（大渕憲一『新版　人を傷つける心―攻撃性の社会心理学』サイエンス社）。それにしたがって、生理的欲求不満による攻撃性および社会的欲求不満による攻撃性についてみてみよう。

心理学者シェクターたちは、喫煙者に欲求不満を与えることによって攻撃性が高まるかどうかを確認する実験を行っている。大学生に教師役を務めさせ、生徒役の人物に対して学習指導を行わせるという実験で、学習がうまくいかないときは罰として電気ショックを与えるようにと、教師役の学生に指示をした。

学習指導の合間に休み時間を取り、その間は禁煙とした。教師役の学生には、喫煙習慣をもつ者ともたない者がおり、休み時間を禁煙にして喫煙者に欲求不満を起こさせることで攻撃行動が誘発されるかどうか確認するのが、この実験の目的だった。ゆえに、罰としての電気ショックの与え方が休み時間の前後で変化するかどうかが測定された。

その結果、喫煙習慣をもつ学生たちは、後半の学習指導になって電気ショックの使用を増加させた。それに対して、喫煙習慣をもたない学生たちの電気ショックの使用には変化がみられなかった。

このように喫煙習慣がある学生のみ休み時間のあとに電気ショックの使用が増加したことから、禁煙による欲求不満によって攻撃行動が促進されることが証明された。

●社会的欲求不満がもたらす攻撃性

社会的欲求の阻止によっても攻撃性は高まる。

たとえば、人から嫌なことを言われたり、嫌な態度をとられたり、正当な評価をしてもらえなかったりするときに、社会的欲求不満が生じ、人は攻撃的な心理状態になりやすい。

心理学者トウェンジーたちは、人から排斥されたと思うことによる欲求不満が攻撃行動を生むかどうかを確かめるための実験を行っている。

その実験では、学生たちに共同作業をやらせた後で、つぎの作業でも一緒にやりたいメンバーを選ばせた。そして、他のメンバーから選択された学生と選択されなかった学生に、別の学生とコンピュータ・ゲームをさせたところ、選択されなかった学生は、たとえゲームの相手が自分を拒絶した人物ではなかったとしても、選択された学生よりも強い不快ノイズを発していた。

このことは、共同作業のパートナーとして自分が選択されなかった、つまり排斥されたと思うことで生じた欲求不満が、攻撃衝動を発散させる行動を促すことの証拠と言える。

このほかにも、過去1年間に失業を経験した人は、就労を続けている人と比べて、家族に対する暴力などさまざまなタイプの攻撃行動が6倍も多いことが報告されたり、職務上のストレスを強く感じている人ほど、職場で人と口論するなど言語的な攻撃行動が目立つことが報告されたりしている。

心理学者ペダーソンたちは、成績の悪さを非難されることで生じた欲求不満が攻撃行動を促進するかどうかを確かめるための実験を行っている。

実験参加者の半分は、難しい課題を与えられ、しかもイライラするような音楽を聴かされながら取り組まされた。そして、課題終了後に、実験者から、「成績が悪い」と非難され、欲求不満に陥らされた。残りの半分は、易しい課題を与えられ、しかも快適な音楽を聴きながら取り組むことができた。

両者とも、引き続き後半の課題が与えられた。それは、アシスタントが読み上げるクイズに答えるというものだったが、アシスタントが早口で、しかも読み間違いをするため、参加者たちは良い成績をあげることができなかった。

最後に、すべての参加者は、アシスタントの能力を評価するように言われた。その結果、あらかじめ欲求不満に陥らされた参加者のみが、アシスタントの能力を低く評価していた。

この厳しい評価は、攻撃衝動の発散とみなすことができる。欲求不満の心理状態にあった人たちは、早口や読み間違いといったアシスタントの「挑発」に対していらつき、攻撃反応を示したのである。欲求不満状態にある人にとっては、早口や読み間違いといった些《さ》細《い》なことも、腹を立てるに十分な「挑発」に感じられるが、欲求不満状態にない人にとっては、そのようなことはとくに腹の立つ「挑発」とは受け止められないというわけだ。

このように、欲求不満状態にあると、相手にはまったく悪意のない言動にも悪意を感じるといった認知の歪みが生じやすいのである。

●日本的甘えによる欲求不満がもたらす攻撃性

つぎに、日本特有の欲求不満による攻撃性についてみてみよう。日本社会で自己形成してきた私たちの心の中には、甘えの心理が潜んでいる。

たとえば、はっきり自己主張しなくても、相手がこちらの気持ちを汲《く》んで、うまく取り計らってくれることを期待する。あるいは、自分の貢献をあからさまにアピールしたりしなくても、ちゃんと評価してくれるものと期待する。

ところが、期待通りの展開にならないとき、欲求不満が生じ、拗《す》ねたり僻《ひが》んだり恨んだりと、攻撃性が歪んだ形で発動される。

こちらの希望を汲み取って人事異動を良いように取り計らってくれるはずと信じていたのにと上司を恨む。何も言わなくても、こちらの様子から会社で大変なことがあるのだと察し労をねぎらってくれたっていいじゃないかと拗ねて、察してくれない妻に対して当たり散らす。これだけ一緒に過ごしているのだから、こちらの好意に気づいてくれてもいいのに、なんで別の人と仲良さそうに振る舞うのだと僻み、好意を汲み取ってくれない相手に苛立つ。当然協力してくれるものと期待していたのに断った友だちに対して、どうして協力してくれないのだと腹を立て、嫌味を言ったりする。

このように、こちらの期待が裏切られたときに、いわゆる甘えが通じないことによる攻撃的感情が湧いてくる。それが、拗ねたり僻んだりして、相手に嫌味を言ったり無視したりする攻撃的態度を引き出す。これが甘え型の攻撃性である。

甘え理論の提唱者である土居健郎は、甘えの心理的原型は乳児期に求められ、「甘えの心理は、人間存在に本来つきものの分離の事実を否定し、分離の痛みを止揚しようとすることであると定義することができる」（土居健郎『「甘え」の構造』弘文堂）という。

つまり、親と子といえどもけっして一心同体ではなく、切り離された別々の個体だという厳然とした事実を受け入れがたく、一体感の幻想にすがろうとする心理が甘えの基礎になっているというわけである。

そして、土居は、乳房をくわえて放さないとか、それを咬《か》むといった乳児の憤怒《ふんぬ》は、攻撃本能のあらわれには違いないが、単純な攻撃本能の発現ではなく、乳児が母親から拒絶されたと感じるために、その反応として攻撃本能が動員されるのだとする。つまり、乳児の憤怒は、依存欲求の充足が阻止されたことによる不満に対する反応だというのである。

土居によれば、甘えたい気持ちがそのままに受け入れられないとき、「すねる」、「ひがむ」、「ひねくれる」、「うらむ」といった心理が生じ、そこに被害者意識が含まれる。

すなわち、素直に甘えさせてくれないから「すねる」わけだが、すねながら甘えているとも言える。その結果として、「ふてくされる」、「やけくそになる」というようなことになる。

自分が不当な扱いを受けたと曲解するとき「ひがむ」わけだが、それは自分の甘えの当てが外れたことによる。

甘えないで相手に背を向けるのが「ひねくれる」だが、それは自分の甘えの期待に応《こた》えてくれなかったと感じることによる。

甘えが拒絶されたということで相手に敵意を向けるのが「うらむ」である。

このように甘えが思うように通じないとき、拗ねたり僻んだり恨んだりすることになりがちだが、そこには被害感情が含まれている。

こんなに頑張っているのにほめてくれない。同僚に差をつけられて傷ついているのに、励ましてくれない。このような思いが、「なんでほめてくれないんだ」、「励ましてくれたっていいじゃないか」といった恨みがましい気持ちを生み、被害者意識を刺激する。そして、ひどい人間だと相手を非難したり、悪評を流したりといった形で攻撃性を発散する。

お互いに依存し合い、甘えを介してつながっている日本人の人間関係では、甘えが阻止されたときに、欲求不満による攻撃性が生じやすい。このように甘えが拒絶されたことによって生じる怒り反応が甘え型の攻撃性である。

「正しさ」をゴリ押しする人の心の中には、このような甘えが拒絶されたことによる欲求不満がもたらす攻撃的な心理が潜んでいたりする。

●満たされない承認欲求

認められたいという思いはだれの心の中にもあるものだ。欲求の階層説を唱えた心理学者マズローも、承認欲求をだれもが満たすべき基本的欲求のひとつに位置づけている。

この承認欲求が満たされないことが、一方的な正義感を振りかざして人を叩くような攻撃行動につながっていることがある。

学校時代は、勉強ができる、スポーツが得意、友だちに人気がある、異性にモテるなど、どの領域でもよいのだが、どれかひとつでも当てはまるものがあれば承認欲求が満たされる。

就職してからは、仕事ができる、出世している、組織内での評価が高いなど、どんな形であっても仕事面で承認欲求が満たされることが重要になる。それが難しくても、気心の知れた友だちがいる、ラブラブの恋人がいる、趣味を共有する仲間がいる、というように、プライベート面で承認欲求が満たされていれば、欲求不満に苦しめられることはない。

勉強でも、スポーツでも、仕事でも、趣味でも、人柄でも、外見でも、何らかの領域で周囲から認められたことがある場合は、多かれ少なかれ承認欲求が満たされているからよいのだが、そうした経験がほとんどない場合、承認欲求が満たされないことによる欲求不満が、僻みっぽい歪んだ認知を生み、攻撃的な反応を引き起こす。

そこで生じているのが敵意帰属バイアスである。詳しくは第6章で説明するが、相手に悪意がないのに勝手に悪意を感じ取ってしまう認知の歪みのことである。

たとえば、大きな契約を取ってきた同僚の笑顔を見て、

「勝ち誇ったように笑いやがって、ほんとにムカつく」

「こっちを見下すような余裕の笑顔が許せない」

などと苛立つ。相手はけっして勝ち誇っているわけでも見下しているわけでもなく、ただ嬉しくて笑顔になっただけなのに、バカにされたと勝手に思って怒り出すのである。

自分の成功を鼻にかけて、他人をバカにするような人間は許せないというように、本人

は倫理的に許し難い人物を非難しているつもりでいるが、じつは欲求不満のせいで認知が歪み、それによって歪んだ正義感を振りかざしているわけだ。

それは、まさに承認欲求が満たされないことによる欲求不満が生み出す攻撃性と言える。

●「総活躍社会」「個人が輝く社会」というのに輝けない自分

仕事で自己実現しようとか仕事で輝こうなどといった論調が世の中に広まっている。最近では一億総活躍社会などという言い方まで出てきた。

だが、今の中高年が就職した頃は、そんな発想はあまりなかった。働くのは生活のため、生きていくための経済力を得るためであり、どこでもいいから就職する、潰《つぶ》れそうもない会社に入ればいいという感じだった。

そんな中高年たちは、今の風潮に対して反発を感じる。

仕事で自己実現しようなどと世の中では言うが、ほとんどの人は働かざるを得ないから必死に働いているだけだ。好きなことをして生きたいなどと若い世代は言っているが、仕事なんてそんなものじゃない。好きなことをして生きている人が、世の中にどれだけいると思っているのだ。生きていくために、とにかく何でもいいから仕事をしないといけない。

それが実態だ。自分だって、こんな仕事、べつに好きでやっているわけじゃない。そんな思いがある。

そんなふうに反発しながらも、いつのまにか時代の風潮の影響を受け、自己実現とはほど遠い生活をしている自分がみじめに思えてくることがある。

仕事で自己実現したいとか好きな仕事に就きたいとか言っている若い世代を見ていると、好きでも何でもない仕事の厳しさに耐えながら、ただ生活のために必死に働いてきたこれまでの自分の人生は何だったのだろうと思ってしまう。

だが、若者たちと話しても、「活躍社会」とか「輝く社会」といった言葉に踊らされ、現状に不満をもちやすくなっているのを感じる。

新入社員の意識調査をみても、最近は「自分の能力を活《い》かせる」という理由で今の会社を選んだという者が非常に多くなっている。これも「自分が活躍する」とか「自分が輝く」という意識によるものだろう。しかし、実際に就職してみると、自分が活躍しているとか自分が輝いているなどと感じることはほとんどない。そこで、「こんなはずじゃなかった」、「思ってたのと違う」と不満を募らせる。

結局、ほとんどの人は、生活のために必死に働き、その中でやりがいを感じたり、自分の成長を感じたりしてモチベーションを維持しているのであって、「活躍」とか「輝く」といった自己中な視点で働いているわけではない。

それなのに「活躍」とか「輝く」といった自己中な視点で生きている政治家やタレントが「活躍」、「輝く」といった意識を煽《あお》るため、多くの人が欲求不満状態に追い込まれている。

このような形の欲求不満も、落ち度があると思う人物や組織を叩こうとする攻撃的な心理の蔓延《まんえん》につながっているのではないか。

●若い世代のもつ不公平感

今の若者たちは、高度経済成長期に生まれ育った親をもつ世代である。

就職した頃は良かったものの、経済成長が終わり、給料がなかなか上がらず苦労している親を見て育った者が多いだろうが、それでもこれからの時代を生きなければならない自分たちと比べたら、はるかにマシだと思っている。

大学生と話すと、バブル時代に青春期を過ごした親の話を聞くと、今と違って豊かで派手に楽しんでいて羨《うらや》ましいと言ったり、就活の苦労もなかったみたいで羨ましいと言ったりする。そして、自分たちの将来に対しては、非常に悲観的な展望をもっている。たとえば、自分たちが世の中に出て働き始める頃には、東京オリンピックが終わり、世の中は不景気になっていくばかりだろうから、まともに稼げず、結婚して子どもを育てられるような経済力はないだろうなどと悲観的なことを言う。非正規雇用に対する不安も強い。経済成長も終わり、終身雇用も崩れ、非正規雇用が増えているから、就職しても将来の不安に脅かされながら暮らすことになるのだろうなどと、暗い展望を口にする。

あるいは、高齢化がこれからもますます進行していき、高齢者の福祉分を自分たちが税金で負担せざるを得ないし、何だか納得いかないと言ったりする。

このように若い世代は、上の世代と比べて自分たちは報われない世代だといった不公平感を抱えている。

●中高年世代のもつ不公平感

だが、中高年世代も、さらに上の世代と比べて不公平感をもったり、若い世代と比べても不公平感をもったりしている。

たとえば、人事システムだ。自分たちが若い頃は、年功序列が当たり前で、働きが悪くても自分よりずっと多い給料を貰《もら》っている年配者たちを見て不公平に感じることはあったが、いずれ自分たちの給料もだんだん上がっていくのだから、そのうち回収できると思って我慢していた。

ところが、いざ自分たちが中高年になるに連れて、年功序列は崩れ、能力給だの成果主義だのと言われるようになった。最近では、同一労働同一賃金などといって、年齢はまったく関係ないといった感じにもなってきた。

こうなってみると、必死に働いていたのに低賃金に甘んじ、後で取り戻せると思っていた若い頃の働きに対する報酬を取り戻すことなど期待できず、あの頃の我慢は何だったのかといった不満が募ってくる。上の世代との比較において、どうしても不公平感をもたざるを得ない。

下の世代に対しても、不公平感が強い。自分たちが若い頃は、上の人に気を遣い、年長者を尊重し、けっして自分勝手な自己主張をしないのはもちろんのこと、多少理不尽なことがあっても上の指示には従ったものだった。

ところが、今の若い世代には年長者を尊重するような姿勢はまったく感じられない。というよりも、ITに関しては自分たちの方が強いと思うからか、学校時代にお客様扱いされてきたせいか、ディベートとか自己主張の教育を受けているせいか、やたら自分勝手な自己主張をする。

しかも、自分たちが若い頃は、上司や先輩から厳しいことを言われ、何クソと発憤することで鍛えられたものだが、今の若い世代は、ちょっときついことを言うだけで、すぐに「傷ついた」とか「パワハラだ」とか大騒ぎしたり、落ち込んで翌日から休んだりするため、ものの言い方に非常に気を遣う。自分たちが若い頃は上の世代に気を遣ったのに、今度は下の世代に気を遣わなければならない。このような時代の流れも不公平感を刺激する。

このようにさまざまな側面において、自分たちは報われない世代だといった不満を抱えている。

●自分は正当に評価されていないという不満感

正義感を振りかざす行動に執念を燃やす人を見ていると、「自分は正当に評価されていない」といった不満が強いように感じることが多い。

だが、「自分は正当に評価されていない」といった思いは、じつはだれもが心の中に抱いているものと言える。それは、だれもがポジティブ・イリュージョンをもっているからだ。

ポジティブ・イリュージョンとは、自分を過大評価する認知の歪みのことである。

心理学者ダニングたちは、高校生を対象とした調査で、リーダーシップ能力について、およそ70％が自分は平均以上であるとみなしており、平均以下とみなす者は２％しかいないことを見出《みいだ》している。人とうまくやっていく能力というのは、はっきりわかりにくいせいか、85％が自分は平均以上であるとみなしており、平均以下とみなす者は皆無であった。しかも、なんと25％もの者が自分は上位１％に入るとみなしていた。運動能力というのは、わりとわかりやすいと考えられるが、それでも60％が自分は平均以上であるとみなしており、平均以下とみなす者はわずか６％しかいなかった。

その他にも、感受性の豊かさについては79％、賢明さについては75％、理想主義的傾向については68％が、自分は平均以上であるとみなしていた。これら好ましい性質に関しては、自分は平均以上だという者が５割を超えているが、それは統計的にあり得ないことである。

まさに多くの人がポジティブ・イリュージョンをもっていることの証拠と言える。

大人にも同じようにポジティブ・イリュージョンがみられることを心理学者ブラウンとダットンは指摘している。

たとえば、管理職の90％は自分の能力は他の管理職より優れているとみなしているというデータや、大学教授の94％が自分は平均的教授より優れた業績をあげているとみなしているというデータがある。９割あるいはそれ以上が自分は平均以上だとみなしているということは、その人たちのおよそ半分はほんとうは平均以下なのに平均以上とみなしているわけで、いかに自己認知が実際以上に肯定的な方向に歪んでいるかを示すものと言える。

これらは自己過大視する傾向の強い欧米人に顕著にみられる傾向であり、日本人はもっと謙虚であるのは事実だが、心理学的な調査のデータを見ると、欧米人ほどではないものの日本人にも明らかにポジティブ・イリュージョンはみられる。

ここから言えるのは何かと言えば、だれもが自分は正当に評価されていないという不満をもっているということだ。

人事評価というのは、実際に非常に難しい。評価する側が正当に評価しているつもりでも、人間のすることに客観的というのはあり得ないので、どうしても歪みが出てしまう。だが、たとえ正当な評価が行われたとしても、だれもがポジティブ・イリュージョンをもつため、だれもが自分は不当に低い評価を受けている、正当に評価されていない、といった思いを抱えていることになる。

実際、居酒屋などでは、ほとんどのサラリーマンが自分の不遇を嘆き、アルコールに酔った勢いに任せて納得のいかない思いをぶちまけている。

そうした欲求不満が自分の「正しさ」を振りかざすような行動につながっている面があるのではないか。

●感情労働のストレス

社会学者ホックシールドは、肉体労働や頭脳労働とは別に、感情労働というものがあると指摘した。

「この労働を行う人は自分の感情を誘発したり抑圧したりしながら、相手のなかに適切な精神状態—この場合は、懇親的で安全な場所でもてなしを受けているという感覚—を作り出すために、自分の外見を維持しなければならない。この種の労働は精神と感情の協調を要請し、ひいては、人格にとって深くかつ必須《ひっす》のものとして私たちが重んじている自己の源泉をもしばしば使いこむ」(A・R・ホックシールド　石川准・室伏亜希訳『管理され

る心—感情が商品になるとき』世界思想社）

「この労働を行う人」というのは、客室乗務員のことを指している。ホックシールドの感情労働に関する研究は、乗客に対するサービスで高い評価を受けたデルタ航空などの客室乗務員の実態に迫ったものに端を発している。

要するに、感情労働とは、顧客満足を最優先し、自分自身の感情をコントロールすることを強く求められる仕事のことである。より具体的には、職務にふさわしい感情を演出し、ふさわしくない感情は抑圧し、客の気持ちを満足させるために自分の感情をうまく管理することを求められる労働である。

ホックシールドは、つぎのような客室乗務員の例をあげている。

「私が話をした人々はよく、自分たちの笑顔は自分の上（on）に置かれているけれども、それは自分自身の（of）気持ちではない、と話していた。それらは、化粧、制服、音楽、気分が和らぐパステルカラーの内装、飲み物等の延長線上にあるものとみなされており、乗客たちの気分を作り上げるものとして一まとめに考えられていた。（中略）客室乗務員にとって微笑むことは〈仕事の一部〉であり、（中略）疲れや苛立ちをごまかすことも仕事のうちである。思わずそれらを見せてしまえば、乗客の満足という生産物は台無しにな

る」(同書)

これを読むと、いかにも人工的でわざとらしい振る舞いを売り物として提供しているといった印象をもってしまうが、客と関わる仕事では、このように好ましくない感情を抑えたり、好ましい感情を演出したりということを、だれもが多かれ少なかれしているのではないだろうか。

どんなに理不尽なことを言われて内心腹が立っても、爆発しそうな怒りの感情を抑え、その場にふさわしい感情を演出するように努力する。どんなに疲れていても、どんなに苛立っても、穏やかな笑顔で応対する。そうしないと客相手の仕事はうまく務まらない。そこで演出されるのは、職務にふさわしい感情であり、抑えられるのは、職務にふさわしくない感情である。

このような感情労働は、今では接客業だけでなく、あらゆる仕事の場で求められるようになってきた。とくにネット社会になり、何か不満があると、すぐにネット上に中傷的なことを書き込むということが、そこらじゅうで起こっている。

店員の態度にイラッと来ると、即座に店の悪口を書き込む。病院の窓口対応や医者の態度を不愉快に感じると、すぐに病院の悪口を書き込む。行政の窓口の対応に不満があると、その部署の悪口を書き込む。ときに感情的になりすぎて、大げさに書いたり、ありもしないことまで書いて中傷する。

ネット上に書かれたことは一瞬のうちに世の中に拡散するため、だれもがネット上の中傷を非常に怖れるようになった。そのため、医療現場にも、教育現場にも、公共サービスの現場にも、過剰なお客様扱いが浸透し、従業員は感情労働に徹しなければならない。

今や感情労働をうまくこなすことが有能な働き手となる条件といってもよいくらいだが、それによってだれもが大きなストレスを抱え込むようになった。過剰なお客様扱いにより、だれもが爆発寸前に追い込まれているのである。私は、つぎのような事態がいつ起きてもおかしくない一触即発の状況になってきていることを『「おもてなし」という残酷社会』（平凡社新書）において指摘した。

コンビニの店員が、いちいちうるさいことを言う客に対して突然キレる

駅員がしつこく詰め寄る乗客に対して、いい加減にしろと怒鳴り出す

学校の教員が、もう我慢できないといった感じで生徒の親に暴言を吐く

病院で文句を言う患者に対して看護師が口汚く罵《ののし》る

居酒屋の店員が、言いがかりのようなクレームをつける客に対して、ふざけるなと頭

からジョッキのビールをぶっかける

その本がちょうど発売になった頃、予言したとおりのことが現実に起こった。佐川急便の配達員が、ついにキレて、配達する荷物を投げ捨てたり蹴飛ばしたりする姿を撮影され、公開されるという事件が起こったのであった。働き手は、そこまで追い込まれているのである。

そうした溜《た》め込んだストレスにより爆発しそうな思いが、「正しさ」を振りかざして人を叩く行動の背後にあるのではないだろうか。

だが、ここで改めて目を向けたいのが、右にあげた事例のなかの、うるさいことを言って過剰な感情労働を強いている側も、じつは別の場で感情労働を強いられているということである。

手際が悪いとコンビニの店員に文句を言う客も、人身事故で止まっている電車がいつになったら動き出すんだと駅員に詰め寄る乗客も、病院の待合室でいつまで待たせるんだと声を荒らげる患者も、自分は正しいことを主張しているつもりでいる。

だが、相手の立場や気持ちを配慮する余裕を失い、一方的な正義感を振りかざしている。その背後には、日頃の感情労働で溜め込んだストレスがあるのではないか。

●「自分は正義の味方」という自己陶酔

自分の「正しさ」をゴリ押しする人の心の中にありがちなのが、「自分は正義の味方」という自己陶酔だ。

ソーシャル・ジャスティス・ウォリアー（ＳＪＷ）という言葉があるが、元々は進歩的な観点に立って社会を改革しようとして発言したり、運動を推進したりする人を指すものだった。だが、今では、異物を排除しようとするような保守的な人を指したりもする。いずれにおいても共通なのは、社会を良くしたいという正義感に基づいて、自分と価値観の合わない人物や組織や制度などを徹底的に攻撃するところである。

本人は自分が絶対に正しいと思い込んでおり、正義の味方を気取っているが、冷静な第三者からしたら、偏見に凝り固まっているようにしか見えない。あまりに強硬で、違う意見にたいしてまったく聞く耳をもたないからだ。

傍《はた》から見ると、「ずいぶん歪んだものの見方だな」、「やたら極端なことを言うなあ」、「そこまで攻撃的にならなくてもいいのに」などと思わざるを得ないのだが、本人は自分の言い分は絶対に正しいと信じ込んでいる。

周囲の人は、「そこまでムキになるほどのことじゃないだろうに」、「そんなに事を荒立てる必要はないのに」と呆れるわけだが、本人は事なかれ主義で見過ごすのは間違っていると思っており、みんなが言いにくいこともはっきり主張する必要があると、使命感すら感じている。

おかしいことがあっても見て見ぬフリをする保身的な人が多いなかで、言うべきことをきちんと主張する自分は正義の味方であり「正義のヒーロー」なのだといった意識さえ抱いている。

そんなふうに自己陶酔しているため、冷静に現実を見ることができず、極端な形で一方的な正義感を振りかざしたり、自分の言い分が通じないと、「どうしてこんな当たり前のことがわからないのだ」と相手を攻撃する。

なぜそこまで「正義のヒーロー」を気取る必要があるのか。そこに潜んでいるのが劣等コンプレックスだ。

劣等コンプレックスの一変種に、メサイア・コンプレックスがある。コンプレックスというのは、無意識のうちに人の思考や感情や行動に影響を与えているものであり、この場合は「自分は救世主である」といった思いを無意識のうちに抱えているかのように、必要以上に他人を救いたがるのである。

ユング心理学者河合隼雄は、メサイア・コンプレックスに動かされている人は、他人を救いたがる傾向が強く、不必要に助けようとしたり、同情したりするので、とにかく「ありがた迷惑」という言葉がピッタリと当てはまるという。

本人は他人のために動いているつもりなのだが、心の深層には劣等感と歪んだ優越感が複雑に絡み合い、うごめいている。

自分が仕事で有能さを発揮していなかったり、周囲にうまく溶け込めず不適応感をもっていたりして、劣等感を無意識のうちに抱えており、その劣等感を振り払おうとするかのように、「正義のヒーロー」気取りで自分が思う悪を叩く。

コンプレックスというのは人の無意識層に作用するため、このような人は無意識の衝動に突き動かされており、現実を冷静に見ることができずに、一方的な思い込みで行動する。ゆえに、相手の言い分に耳を傾けようとせず、相手の立場や意向をまったく配慮することなく、自分勝手な理屈を振りかざすのである。

●自己効力感の追求

メサイア・コンプレックスには自分に価値を感じることができないといった劣等コンプレックスが絡んでいるわけだが、「正しさ」を振りかざす人の心の中には、自分の有能さを確認したいという思いも潜んでいるのではないか。

何らかの失態を演じた人物、あるいはそのように思われる人物を激しく批判する人物、何らかの落ち度があると思われる店や企業、役所、学校、病院などを執拗に糾弾しようとする人物を見ていると、「自分の力」を感じたいという欲求の強さを感じる。

なぜそこまで攻撃的になるのか疑問に思う人もいるかもしれないが、自分の発言が相手方にダメージを与え、相手が困ったり、自分にひれ伏したりすることで、「自分の力」を感じている。いわば自己効力感、自分はやればできるんだという感覚を追求しているのである。

そうした形で自己効力感を得ようとするのは、普段の生活で思うように力を発揮できず、自己効力感が低いからである。

それゆえに、自分に自信をもちたい、自分に価値を感じたいといった思いが非常に強い。

そのような人にとって、自己効力感を高めるチャンスを与えてくれるのが落ち度のある人物や組織なのだ。

失言をした有名人をネット上で叩く書き込みをしたり、商品に不具合のあった企業や窓口対応がまずかった公共機関、客対応がまずかった店などをネット上で叩く書き込みをしたりして、批判の声が広がったり、相手方が謝罪したり、困惑する様子が伝わってきたりすると、自己効力感が高まる。

あるいはだれかが叩いているのをネット上で見つけて、それに便乗して批判的なツイートをしたりすることで、批判の拡散を確認しながら自己効力感を高める。

このように、落ち度があると思われる人物や組織を叩くことで自己効力感が高まる経験をすると、それが癖になる。

歪んだ正義感を振りかざして人や組織を執拗に攻撃する、いわゆるクレーマーと言われる人には、このような心理により人を叩くことが癖になっている人が、かなりの割合で含まれているのではないか。

●何とか自分に正当性を与えたい

「正しさ」を振りかざす人の心の中には、自己効力感を高めたいという欲求の他に、自分に正当性を与えたいという欲求も潜んでいる。

だれでも利害には敏感であり、損はしたくないし、できるものなら得をしたい。ゆえに、ときに利己的な行動を取ってしまうこともある。そこが人間の弱さと言える。

でも、そんなちっぽけな自分を認めたくない思いもある。それで、何かの機会をとらえて自分の正しさを認めさせたくなる。そんなときに絶好の機会を与えてくれるのが、利己的な行動を取る他者である。そのような利己的な人物を叩くことが、自分の正当性の証《あかし》となる。

心理学者ジョーダンたちが唱えたTPP（Third-party punishment）モデルというのがある。利己的な行動に対して処罰を与えようとするのはなぜか、しかも直接自分が被害に遭ったわけではないのに、無関係の第三者として処罰しようとするのはなぜかを説明するモデルである。

TPPモデルによれば、自分が利己的な人間でないこと、信頼に足る人間であることを示すために、利己的な行動を取る人物を処罰しようとするのである。ジョーダンたちは、心理学的実験を用いてそのモデルの妥当性を証明している。

だが、なぜそこまでして自分が利己的でなく信頼に足る人物であることを示さなければならないのか、と考えると、そのような行動をこれ見よがしに取る人物は、ほんとうは後ろめたさがあったり、自分の正当性に自信がなかったりするのだろうとわかる。

人からちゃんと信頼される自信がないからこそ、利己的な人物を断固として非難するような行動を取らなければならないのである。

●「正しいこと」が通らないことによるイライラ

今の世の中を見ていると、人を騙《だま》して儲《もう》けたり、法の網の目をかいくぐってずるいことをしたりといった不正が横行し、正直者が損をするといった感じがある。

政治家を見ても、選挙運動の時だけ低姿勢で愛想を振りまいて、当選してしまうと偉そうにふんぞり返っている。ニュースで記者会見の様子を見たり、国会中継などを見たりすると、政治家のいかがわしさが生々しく伝わってくる。

国を動かしている人たちがこんなふうなのだと呆《あき》れつつ、正しいことが通らない世の中に苛立ちを覚える。そんな思いを抱える人が多いはずだ。

ひと昔前の「水戸黄門」に象徴されるような勧善懲悪ものが、今も刑事ものなどに形を変えつつ人気があるのも、権力者の不正が暴かれ、きちんと裁かれるのを見ることで、日頃の鬱憤《うっぷん》を晴らすことができ、気分がスッキリするからである。

正しいことが通らず、権力者や悪知恵を働かす者による不正がまかり通る世の中に対するイライラを、束の間といえどもテレビドラマを見ることで解消できる、というわけだ。

だが、ドラマが終わり、現実に戻ると、相変わらず正しいことが通らない社会が目の前に厳然と存在し、自分はそんな社会に組み込まれて生きるしかない。

最近では、勧善懲悪が機能せず、結局不正をはたらく側が権力にものを言わせて逃げ切るといった描き方もよく見かける。その方が現実を忠実に反映しているということなのだろう。それを見て、「そうなんだ。現実はこんなもんだよ」と共感しつつも、スッキリしない思いが心の中に残る。

ニュースを見ても、憤りを感じることばかりだ。

そんな苛立った気分が、過激な形で「正しさ」を振りかざす行動に駆り立てる、といった側面もあるだろう。

●自己主張することによる気分の発散

自分の思いを口にせずに胸の中に抑え込むのはストレスになる。不満があっても、嫌なことがあっても、腹が立つことがあっても、それを包み隠さず話すことができる場があれば、ストレスを解消できる。

そこに働いているのが、自己開示によるカタルシス効果だ。胸の中の思いを吐き出すことでスッキリする。それをカタルシス効果という。

思っていることを言わずに我慢していると、胸の中に溜め込んだ思いが膨れあがり、爆発しそうになる。日頃とてもおとなしく、周囲に合わせるばかりで全然自己主張しない人が、突然怒りを爆発させて、周囲の人たちを脅かすことがあるが、それも普段あまりに抑えすぎるからだ。適度に言いたいことを言っていればよいのだが、言いたいことも言わずにいるから溜め込みすぎて、突然感情を爆発させるようなことになってしまうのだ。

「正しさ」を振りかざし、ネット上で他人や企業を猛烈に攻撃している人が、現実生活ではまるで別人のように、とてもおとなしい人だったりする。

そのようなケースの場合、普段から適度な発散をしていないところが問題なのである。溜め込みすぎて、我慢の限界に達してしまうのだ。でも、周囲の人に当たり散らすのはかっこ悪い。そこで落ち度のある対象を叩こうとするのである。

不倫事件によってテレビなどのメディア出演から遠ざかっていたタレントの矢口真理《やぐちまり》が、

2016年3月末から放映が始まった日清食品のCMに久々に登場したが、ほぼ1週間後に放映が中止されるということがあった。不快な思いを感じさせる表現があり、視聴者からの苦情が殺到したということのようだ。

問題となったのは、日清食品のカップヌードルのCM「OBAKA's UNIVERSITY」である。矢口真里が危機管理の権威、心理学部の准教授と紹介され、「二兎《にと》を追う者は一兎をも得ず」と学生たちにアピールするというものだ。矢口の不倫問題をネタにしているところが批判につながったのだろう。

タレントの不倫ネタは、週刊誌でもテレビのワイドショーでもしょっちゅう取り上げられる。それだけ人々の関心が強く、売り上げ部数の増加や視聴率の上昇につながるのだろう。

不倫がよくないのは当然のことだが、芸能人は非常に特殊な環境にあり、一般常識の通用しない世界を生きているのだし、求められる才能も一般の人たちとは違う。ゆえに、一般の読者や視聴者が自分たちの価値観で糾弾する必要もないし、そもそも現実に会うこともない、まったく縁のない人たちである。それなのに、なぜそれほどムキになって批判するのだろうか。

マスメディアの人間も含めて、何らかの落ち度のある有名人を見つけては叩き、引きずりおろすことに異常な執念を燃やしている人がいる。有名人のプライベートネタを追求する雑誌の記事やテレビのワイドショーなどを見ていると、単に倫理観で動いているというのでなく、何か攻撃的なものを感じざるを得ない。

理屈の上では問題となっている人物に明らかに非があるのかもしれないが、どうも攻撃衝動を発散する快感に酔っている雰囲気が漂う。

●個人的な鬱憤を社会問題に重ねて発散

本章では、いろいろな欲求不満が「正しさ」を振りかざして人や企業を叩く行動につながっていることを指摘し、その心理メカニズムについて解説してきた。言ってみれば、正義感を振りかざすことで日頃の鬱憤晴らしをしているのである。思い通りにならない生活、さえない自分に対する苛立ちを、落ち度があると思われる人物や組織を叩くことで、紛らしているのである。

欲求不満―攻撃仮説の言うように、人は欲求不満状態に置かれると攻撃的になる。逆に言えば、攻撃衝動を発散することで、欲求不満による苛立ちを少なからず解消することができる。だれかを攻撃すれば気分がスッキリし、日頃の欲求不満を解消できるのである。

「正しさ」を振りかざして人や企業を叩く人は、日々の生活に不満が多く、だれかを攻撃することで、スカッとした気分になりたいのだ。でも、それを素直に認めてしまったら、何だか自分がちっぽけな人間みたいで、情けないし、何よりもかっこ悪い。

そこで、合理化の心理メカニズムが働く。単なる日頃の鬱憤晴らしで攻撃しているなんてかっこ悪いので、自分の攻撃衝動の発散を正当化するのである。

そのために使えるのが、何らかの落ち度のある人物や企業・店・公共機関などの組織である。そうした対象を叩けば、社会正義を発動する形で攻撃衝動を発散することができる。

こんな政治家は許せない、こんな企業は許し難いなどと、社会正義を振りかざして批判する人たちの中には、じつは日常のさえない生活による鬱憤が溜まっており、何でもいいから攻撃してスッキリした気分になりたいという人がかなりの比率で含まれているのである。

ゆえに、それまではまったく関心のなかった社会問題を理由に人や組織を叩くようなことも起こってくる。

●そこに働く妬みの心理

人気絶頂のタレントで歌手の福山雅治《ふくやままさはる》が女優の吹石一恵《ふきいしかづえ》と結婚したのは大きな話題になったが、福山と親しい間柄のお笑いタレント今田耕司《いまだこうじ》が、福山から結婚はどうするのだと心配されたというような話が伝わると、ネット上に、「結婚したら急に上から目線になった」、「余計なお世話だ」など、福山に対する批判が殺到したという。

福山ロスと言われるほど、福山の結婚はファンにとって大きな衝撃となったのは間違いない。好きなタレントを奪われたみたいな気持ちになるのはわかるが、好きならその人の幸せを祝福してあげようという気持ちになってもいいだろう。だが、愛と憎しみは紙一重というように、ちょっとしたことで反転してしまうこともある。

もしかしたら、とくにファンではなく、結婚願望が強いのに相手がいないという人たちが、今田のエピソードに反応したのかもしれない。結婚したとたんに上から目線になったということにすれば、「それはけしからん」となり、堂々と攻撃することができ、妬《ねた》みによる攻撃衝動を、一見正当な理由のもとに発散することができる。

男児を出産したモデルの蛯原友里《えびはらゆり》がブログで、「お腹にいた赤ちゃんが私の胸の中ですやすや眠っている寝顔を見ていると　とても愛おしく味わったことのない幸せな気持ちに

包まれたり　大きな泣き声にびっくりしたり　毎日感動しています」といった報告をしたところ、思わぬ攻撃を受けるということもあった。

「子どもを産めない女は幸せになれないっていうことか」、「子どもを産んだとたんに産んでない女を見下し始めた」などといった主旨の批判にさらされたのである。

そこには羨ましい気持ちが働いているのが読み取れる。ただし、このような書き込みをするとなると、ただの羨ましいという思いを抱いているだけではない。そこには何か別の思いが働いている。

「赤ちゃんを抱いて見つめていると幸せな気持ちになる」といった意味の言葉から、「子どもを産めない女は幸せになれない」といった攻撃的なメッセージを深読みしてしまう。それは、批判する人自身の中にあるネガティブな思いの投影といった側面が強い。

規則を盾に人の行動にブレーキをかけるような場合も、本人は正しいことを主張しているつもりでも、深層心理として妬みが作用していることがある。

杓子《しゃくし》定規に規則を守ることを重視する保身的な人にとって目障りなのは、規則に縛られずに自分で創意工夫して積極的に動くタイプである。そのような自由に動き、かつ成果を出している有能な人物を前にすると、規則を守ろうとしているだけの自分が無能だと言われているような嫌な気分になる。

そこで、規則に縛られずに自分で判断して動き、なおかつ成果を出している人物に対して妬みや反感が生じ、細かな規則をもち出して、積極的な動きに何とかしてブレーキをかけようとするのだ。実質的には何の支障もない場合でも、規則をもち出して邪魔しようとしたり、ほんの些細な違反でも大ごとにして始末書を書かせようとしたりする。

だれかを妬んで批判する際には、自分より優位に立っている人を引きずりおろしたい心理が働いている。

優秀な人物、成果を出している人物、周囲からの信頼を得ている人物、そんな人物に対して「自分はとてもかなわない」と感じるとき、だれでも妬ましい思いになるものだ。

だが、その先の心の動きが人によって違ってくる。自分もその人物に負けないように頑張ろうと思う人もいれば、その人物を非難したり中傷したりして引きずりおろそうとする人もいる。自分が這《は》い上がることで差を縮めることもできれば、相手を引きずりおろすことで差を縮めることもできる。そのどちらを取るかが、人によって異なるわけだ。

モチベーションが高いタイプは、相手を引きずりおろそうとするより、自分が這い上がろうとする。相手から見下すような態度を取られて悔しい思いをしても、相手を批判して引きずりおろそうとするよりも、「何くそ！」と発憤し、「見返してやる」といった感じになって必死に頑張り、這い上がることで差を縮めようとする。

一方、モチベーションの乏しいタイプは、自分が這い上がろうという気力が乏しく、相手を引きずりおろそうという心理に陥りがちだ。そして、自分が力をつけようと頑張るのでなく、「いい気になってる」、「人のことを見下す」などと相手のことを批判して、その人の価値を貶《おとし》めることで差を縮めようとする。

●正義の仮面を被ったシャーデンフロイデ

本人は、相手の言動に許し難い点があるのであって、自分の批判は正しいと思い込んでいるが、周囲の人たちの冷静な目には、妬みから揚げ足取りをしているようにしか見えないといったケースがある。

前項で取り上げた「子どもを産めない女は幸せになれないっていうことか」、「子どもを産んだとたんに産んでない女を見下し始めた」などといった批判も、どうみても言いがかりをつけているようにしか思えない。そこには妬ましい相手を引きずりおろすことで差を縮めようとする心理が働いている。

人のことを妬ましく思う心理はだれもが心の中に抱えているものだが、そこからもっと進んで、人の幸せが許せないといった心理に陥ることがある。自分の幸せより、他人の不幸を求める。他人の不幸を喜ぶ。いわば、「人の不幸は蜜《みつ》の味」といった心理だ。

これをシャーデンフロイデという。この言葉の語源はドイツ語だが、欧米でも広く使われている。

他人の不幸を喜ぶなんて、倫理的に許されない醜い心理のため、だれも自分がそんな心理を持っているなんて認めたくない。そのため、多くの人は、自分が他人の不幸を喜ぶ気持ちを持っているなどとは思ってもいない。

でも、人の不幸を喜ぶ気持ちが、ほんとうにないと言い切れるだろうか。

不倫や離婚問題で叩かれている人、盗作疑惑で叩かれている人、学歴詐称で叩かれている人、失言で叩かれている人……。そんな人たちに関する報道を興奮気味にテレビのワイドショーでみたり雑誌で読んだりしている人たちがいる。

芸能人のスキャンダル記事が掲載されている雑誌が売れたりするのも、他人の不幸をつい喜んでしまう醜い心理が多くの人の心の中に潜んでいる証拠と言える。

シャーデンフロイデに関する研究によれば、それが生じる際の条件がある。

第1に、その人が不幸な目に遭った責任が本人自身にあるとみなされるときに、シャーデンフロイデが生じやすい。不幸な目に遭うのはかわいそうではあるが、それも自業自得だと思えるときにシャーデンフロイデが生じるのである。本人に責任がなく、運悪く不幸な目に遭った人を「いい気味だ」と攻撃するほど意地悪な人はあまりいないということなのだろう。

第2に、その不幸の程度がそれほど深刻でないときに、シャーデンフロイデが生じやすい。病気や事故など深刻な内容に対しては生じにくいが、成績不振、失恋などだれもが経験しがちな事柄に対してはシャーデンフロイデが生じやすい。妬ましい思いから、つい人の不幸を「いい気味だ」と思ってしまうわけだが、相手が病気にかかったり事故に遭ったりするなど深刻な事態で「いい気味だ」と思うほど冷酷な人はあまりいない。

第3に、ターゲットとなる人物の社会的地位が高い場合ほど、シャーデンフロイデが生じやすい。経済的に裕福、学力が高い、学歴が高い、著名人であるなど、向こうが社会的地位の高い人物であるほど、シャーデンフロイデが生じやすい。向こうの方がこちらより有利な立場にあると思うときに生じる妬み感情は、シャーデンフロイデが喚起されるために重要な要因と言える。

有名人を叩くとテレビの視聴率が上がり、雑誌が売れるのも、ターゲットとなる人物が有名人、つまり社会的地位が明らかに高いため、人々のシャーデンフロイデを刺激するからだ。自分より圧倒的に優位に立っている人物が叩かれ、窮地に追い込まれていくのを見て、心のどこかで「いい気味だ」と溜飲《りゅういん》を下げているのである。

この第3の条件の社会的地位が高い人物というのは、有名人のような文字通り社会的地位の高い人物にかぎらず、自分より学歴の高い友だちや同僚、自分よりモテる友だちや同僚、社内で自分より出世している同期や活躍している同期、自分より明らかに裕福な暮らしをしているママ友や容姿が魅力的でとてもかなわないママ友など、何らかの点で自分より優位に立っている身近な人物も含まれる。

とくに同性に対して、妬みがシャーデンフロイデに発展しやすいということも言われているが、それは同性の方が比較意識が刺激されるからであろう。

シャーデンフロイデを生じさせる主要な要因は妬みである。自分より優位に立っており、こちらに妬み感情を生起させる相手に何かネガティブな状況が発生し、その優位性が揺らぐとき、「いい気味だ」という思いになりやすい。

自尊心との関係も指摘されている。自尊心が低く不安定な者ほど妬みを感じやすいという報告もあるが、それがシャーデンフロイデにつながるのだろう。

自尊心が高い場合は、優れた他者を妬ましく思うことがあっても、その相手にネガティブな状況が生じたときに「いい気味だ」と思うことに抑制がかかる。それは、シャーデンフロイデをもつことが自尊心を傷つけるということなのかもしれない。ゆえに、自尊心の高い人は、あまりシャーデンフロイデを感じない。

シャーデンフロイデを感じやすい人の自尊心は低下していく。そこにシャーデンフロイデと自尊心の低さの悪循環があるのだろう。

シャーデンフロイデを感じるなんてみっともない。やたら人を妬むような人間でありたくない。それでもやはり妬ましくて仕方ない。そんなときに、無理やり相手を悪者に仕立てようといった心理メカニズムが動き出す。

妬ましい人物に落ち度がない場合、そのような人物の不幸を責め立てるのは、あまりに見苦しいし、そんなちっぽけな自分だとは認めたくない。そこで、相手の落ち度を探して攻撃することになる。相手に批判すべき落ち度があるなら、堂々と叩ける。シャーデンフロイデを正当化できる。相手に落ち度があるのだから、大義名分が立つため、攻撃性を発揮している自分を正当化できるわけだ。

相手にさしたる落ち度が見つからない場合は、攻撃対象を置き換えるということも起こってくる。落ち度のある著名人をネットで攻撃する人たちも、正義感を盾にしているが、ほんとうはどんな問題でもいいし、相手はだれでもいいから、ムシャクシャした気分を正当な理由のもとに発散したいのだ。それでネット上の情報に目を光らせて、攻撃衝動を発散させる機会を窺《うかが》っているのである。

芸能人のスキャンダル報道に興奮気味に目を輝かせる人なども、正義感に駆られているつもりかもしれないが、じつは正義の仮面を被《かぶ》ったシャーデンフロイデに動かされているのではないか。

自分とは何のかかわりもない人物に対して、なぜそこまでムキになれるのか。パソコンに向かい、必死に検索し続ける、その原動力は何なのか。

昼間会社で仕事をしているときよりも熱心に、落ち度を探す作業に没頭し、喜びさえ感じている。倫理観で動いているというより、有名人を叩くことに異常なまでの執念を燃やす。叩くのが快感なのだ。

溜まったストレスの発散のために、叩いても非難されそうにない、落ち度のある人物を求めている。

結局、正義感で動いているという見せかけのもと、何か落ち度がありそうな人物を攻撃することによって快感を得ているのだ。正義を装った憂さ晴らしと言ってよい。

第4章　正義感をあざ笑う時代の空気

●「勝ち組」「負け組」という図式

正義感に基づいた行動というのは、もちろん奨励されるべきものであり、けっして非難されるようなものではない。

だが、ここで問題にしているのは、必要以上に正義感を振りかざし、相手の事情を一切考慮することなく、一方的に相手を非難し、攻撃するような行動である。

そのような極端に攻撃的な行動の背後に不満や不公平感があるというのは、第3章ですでに指摘した通りである。

不満や不公平感をもたらす要因のひとつに、「負け組」意識がある。そこに生じるのが、「自分たちはどうせ負け組だ」といった開き直りと不満だ。自分たちは汗水垂らしていくら必死に働いても「負け組」から抜け出せない。それなのに、「勝ち組」は経済力や権力にものを言わせてやりたい放題やっている。そんな意識が不公平感をもたらす。

そもそも「勝ち組」「負け組」といった図式そのものが不満や不公平感を生む源泉となる。

能力にそんなに差はなく、もうちょっと粘り強く頑張れば同じように成果を出せたかもしれない場合も、「勝ち組」「負け組」といった図式が頭の中にあると、「どうせ向こうは勝ち組で、オレは負け組だし」と開き直る態度を助長する。

学歴面ではとてもかなわなくても、誠実に仕事をして信頼を得ることで、対等な勝負ができる場合でも、「勝ち組」「負け組」といった図式を当てはめることで、「どうせ私は負け組だから」とはじめから諦めてしまう。

それでも諦めきれない思いが残り、それが妬《ねた》みに転化する。

このように、「勝ち組」「負け組」といった図式が諦めや妬みを生み、「勝ち組」の足を引っ張り、何とか引きずりおろしたいといった衝動を刺激するのである。

●「正しくやる」より「うまくやる」に価値を置く社会

最近の若者たちと話していると、社会の矛盾に疑問をもったり、大人たちの倫理観の欠如に批判的な気持ちを抱いたりするよりも、そんな社会や大人を当然の前提として受け入れ、そんな大人たちの社会でうまくやっていきたいといった思いが強いように感じられる。

人の役に立ちたいという若者が多いのも事実だが、「利己的な組織の歯車になるのは嫌だ」、「ひたすら営利追求のために働くのは見苦しい」といった意識は希薄な気がする。むしろ、「組織にうまく適応できるように、使える人材になりたい」、「良いポジションが得られるように人脈づくりに励みたい」などと言う。

大人の社会を批判するより、そこにうまく組み込まれるにはどうしたらよいかを考えている者が目立つ。理想主義的傾向が薄れ、現実肯定的になっているのだ。

その背景にあるのが、今の社会の風潮だ。そもそも今の社会全体が、「正しくやる」ことより「うまくやること」に価値を置いているようなところがある。

政治の世界でも、正しいことが通らず、どんなに汚い手を使っても権力を握った側のやりたい放題となっている。

産業界でも、倫理的におかしなことをしても、儲《もう》けた者が勝ちといった感じがある。

そうした風潮に批判的な人はもちろんのこと、うまくやろうとしてもうまくいかずにヤケになる人も、うまくやっている人たちのズルさ、倫理観のなさを叩《たた》きたい思いに駆られる。「正しさ」を振りかざして人や組織を叩こうとする行動の背後には、そんな時代の空気があるのではないか。

●グローバル化によって壊れる倫理観

グローバル化というと、理想論的にものを考える人は、地球上の人類みんなが国境を越えて協力し合って仲良くするようなイメージをもっている。

だが、現実に進行中のグローバル化は、アメリカを中心としたグローバル企業が国境の壁を打ち壊し、世界中から搾取し利益を得ようとする動きとなっている。

その象徴が規制緩和だ。各文化固有の制度や習慣、規制を打ち壊し、あらゆる文化圏に参入し、搾取しまくることができるように、規制緩和を要求する。

規制がなくなったら、みんなが欲望のままに動き、弱肉強食の戦国時代のようになってしまう。

だから規制ができ、それによって安定した社会の秩序が保たれてきたのに、いかにも規制緩和をするのが良いことのように国民に印象づけようとする。いわゆる印象操作だ。

国が規制緩和をつぎつぎに打ち出すのも、グローバル企業などの営利集団と手を組んでグローバルに儲けていきたいという意図によるもの、あるいはそのような意図をもつ他国からの要求に屈したものと言える。

そんな社会では、「儲けた者が勝ち」といった価値観が広まり、あの手この手を使って搾取するのは非難されるべきことではない、それこそが「勝ち組」の鉄則だといった雰囲気になり、策略を巡らし相手に先んずるための「戦略思考」が流行《はや》ったりする。

まさに倫理観の崩壊だ。

元々日本社会では、そのようなやり方を「みっともない」と否定する感受性が広く共有されていた。当然、アメリカ式の営利追求に強い不信感を抱いていた。

アメリカの文化人類学者ベネディクトによる日本人研究の書『菊と刀』はあまりにも有名だが、その元となった報告書「日本人の行動パターン」については、ほとんど知られていない。これは、アメリカ軍の戦時情報局の発案によってベネディクトが作成した報告書で、1945年5月に書き始められ、8月の原爆投下の直前に書き上げられたとされている。

戦時情報局では、1944年4月に極東部日本課の中に小さな研究班を設置した。班の目的は、日本人の戦意はなぜこんなに強いのか、どこかに隙はないか、どんな心理作戦が有効かなど、日本の兵隊と日本国民の戦意をはかり、それを迎え撃つ方法を提案することだった。そして、戦争の終結が見えてくると戦後の復興の準備に入り、同年12月に日本文化のレポート作成の必要性が指摘され、戦時情報局に勤めていたベネディクトが担当することになった。

こうして作成された報告書の中に、つぎのような記述がある。

「日本人の規準によれば、自分本位の者は、どんなに『偽りなく』利潤を追求しているとしても、〝誠〟ではありえない」（ルース・ベネディクト　福井七子訳『日本人の行動パターン』日本放送出版協会、以下同）

「日本の国会で、ある議員のことを『国会を侮辱している』と非難すれば、それは『誠がない』ととがめているのと同義であるといってよい。この議員が偽りのない信念を表明しているのか否か、という点は問題にされない。この非難に込められているのは、その議員が日本の規準どおりに国会に払うべき敬意を見せず、私利私欲のために行動しているということである」

「たとえば、〝誠〟のある人物は利己的ではない、というのは、日本では伝統的に営利の追求が非難されることを反映している」

「日本語の〝誠〟という言葉がこのような使い方をされているのだとすると、欧米諸国は『誠実』ではないという日本の外交官のお決まりの非難は、アメリカやイギリスが本心とは異なる行動をしていると責めるものではないことになる。またそれは、偽善的だと言っているのでもない。（中略）〝誠〟を欠いているという日本人の発言は、欧米諸国の目的は搾取である、もしくは、日本にしかるべき敬意を見せていない、ということを表している」

ここで言われているのは、要するにつぎのようなことだ。

日本では、自分本位の人物は、「偽りなく」利潤を追求しても誠意がないことになる。日本では、偽りのない信念を表明しても、私利私欲のための行動は非難される。日本では誠意ある人物は利己的でない。日本の外交官は、欧米諸国は誠意がないと非難するが、それはアメリカやイギリスが本心と異なる行動をしていると責めているのではなく、搾取することを責めているのである。

このようなベネディクトの日本人の心理傾向に関する解説を読んでいると、逆にアメリカ流の心理傾向が見えてくる。それは、自分の目的が私利私欲にまみれたもので、相手国から搾取するものであっても、営利追求は正当な行為であり、信念に貫かれた行動であれば正当化されるということである。

そこには、力ずくというのははしたない、搾取するのは恥ずべきことだといった感受性はないのである。

「自分の信念を貫け」という「自己中心の文化」と「相手の立場や思いを配慮しろ」という「間柄の文化」のもつ倫理観の如実な違いがここにあらわれている。

ところが、現在進行中のグローバル化によって、このような日本文化に根ざした倫理観は崩れ始め、「儲けた者が勝ち」といった空気が世の中に広がりつつある。それが多くの人々の不満や怒りの温床となっている。

●正義感をあざ笑うかのような政治家たちの答弁

政治家というのは必要悪だ。汚い生き物だ。みんな利権とつながっている。そうでないと潰《つぶ》される。這《は》い上がれない。政治などという醜い世界には絶対に関わりたくない。私たちの学生時代には、そんな空気があった。

「記憶にありません」

「そのような認識はありません」

政治家が口にするセリフとして、国民のだれもがよく耳にしてきた言葉だ。だが、このところやたら耳にする機会が多くなってきた。これらは、責任を問われない形で嘘を言うときに使われる常套句《じょうとうく》だ。そのような言い方をする時点で、怪しさ満載、というよりもシラを切っているのだとわかる。ほんとうにしていない、言っていないのなら、「そんなことはしていません」、「そんなことはありませんでした」、「そんなことは言ってません」と言えばいい。そう言わずに、「記憶にありません」と言うのも、「そのような認識はありません」と言うのも、否定すると偽証になるからだ。

テレビの国会中継で、ある政治家が「そのような発言はしていないのですか？」と問われたのに対して、「そのような指示はしていません」と答えた。質問者が「指示ではなくて、あなたはそのような発言はしていないのですか」と重ねて問いかけたのに対して、その政治家は「そのような指示は一切していません」ときっぱりと答えた。

　このスレ違いから、じつはその政治家が「そのような発言をした」という事実が露呈している。そこまでしつこくスレ違わないといけないのは、「発言した」と答えるとまずいし、そうかといって「発言していない」と答えたら偽証になるからだ。

　嘘がバレたり、不祥事らしきことが表面化したりしたときも、関係者が「まったく問題はありません」などと答えている姿が報道されるが、それは当事者側が判断することではないはずであり、何としても隠蔽《いんぺい》したいという意思があからさまに漏れ出ている。

　そんな政治家たちが国を動かしているのだと思う人々の心の中には、欲求不満による怒りの原初的情動がうごめいている。

政治家のちょっとした失言に過敏に反応し、正義感を振りかざして批判する人たちに対して、過剰に反応していると否定的なコメントがなされることもあるが、そのような行動の背後には、正義感はこの国から失われてしまったのだろうかといった苛立《いらだ》ちがあるのである。

●正義感などクソ食らえという感じの実業家たち

食品の産地や賞味期限の偽装。廃棄すべき食品の使い回し。建築物の構造計画書の偽装。労働基準法に明らかに反する労働条件の押しつけ。経営者の倫理観を疑わなければならないような事例がつぎつぎに発覚し、メディアを賑《にぎ》わす。

そのような報道を見るにつけ、「バレなければいい」といった発想が世の中に蔓延《まんえん》していると感じざるを得ない。

さらには、そうした法に触れる事例だけでなく、「法に触れなければいい」といった感じに消費者を食い物にするような商売も堂々と行われている。

営利企業としては、べつに悪いことをしているわけでなくても、世の中に悪影響を与える商売がある。

たとえば、スマホやパソコンで行うゲーム類は、子どもたちの知的発達や衝動コントロールなどの人格発達に悪影響があることがさまざまな方面から指摘されており、また課金による問題も指摘されているが、そのことをゲーム会社の人に話すと、

「そうした問題が言われてるのは知っているけど、慈善事業をしているわけではなく、営利企業なのだから、そこは理解してほしい」

「消費者はバカじゃないから、賢い使い方をすると信じています」

などと言う。その人は、組織の一員として、個人的にどんなにこちらの言い分に共感したとしても、そのような反応をせざるを得ないのだろう。

だが、ゲーム業界に限らず、多くの企業が「儲けた者が勝ち」といった発想で動いているように感じる。

そんな時代の風潮に違和感をもつようになった人たちは、いくら正論を吐いても営利追求の動きを止めることができない自分の無力に苛立ち、どこかに怒りをぶつけたい衝動に駆られる。

●「正しさ」にこだわる人を揶揄する時代の空気

だが、そのような現実に堂々と行われている不正、あるいは教育上もしくは健康上好ま

しくない影響をもつだろう行為や商品について憤りを顕《あら》わにする人に対して、世間ズレし、社会の動きに迎合している人たちがしばしば口にするのが、「大人げない」、「青臭い」といった言葉だ。

でも、そんなことを言っていたら倫理観の崩壊にブレーキがかからず、現状を何でも容認することになり、「儲けた者が勝ち」といった発想に世の中全体が汚染され、社会は劣化する一方で、向上することはない。

そうした「事なかれ主義」の蔓延に苛立ちを覚える人たちは、何かをきっかけに、「正しさ」を振りかざしたい衝動に突き動かされる準備状態にある。

周囲の人が「何でこんなことに正義感を振りかざすんだ」、「そこまでムキになることないのに」と思わざるを得ない些細《ささい》なことに「正しさ」を振りかざして批判的になる人がいるが、そのような人の心の中には、こだわりのない社会への嫌悪感、「正しさ」にこだわる人を揶揄《やゆ》する時代の空気への反発心が渦巻いている。

●「後ろめたさ」と「羨ましさ」

生きるために仕方なく自分の手を汚さなければならない人もいる。それほどではなくても、時々ふと浮かぶ疑問や心の中に渦巻く葛藤《かっとう》に蓋《ふた》をして、とりあえず目の前の仕事に心を無にして取り組んでいる人もいる。

会社の方針に疑問を感じても、何も考えないようにしている。上司の言うことがおかしいと思っても、保身のために何も言わずに従っている。理不尽な処遇を受けている人を見て内心同情し、こんなことがあってはならないと思いつつ、見て見ぬフリをして、助けてあげるような動きを何も取らない。

そうした自分にどこか後ろめたさを感じる。そんななか、会社の方針や上司の意見に対する疑問や反論を会議などではっきり口にする人物や、理不尽な処遇を受けている人を放っておけず上役に直訴する人物が出て来ると、自分の思いを代弁してくれているようでスカッとするとともに、それができない自分が情けなくなる。

だが、そのように勇気ある行動を取って「正しいこと」を主張した人物が疎まれ、排除されようとしているのを見ても、表立って応援できず、助けてあげられない自分がいる。またもや見て見ぬフリをしてしまう。

そんな流される自分への情けなさ、自分を貫ける人への羨《うらや》ましさ、正しさを貫けない後ろめたさ、そうした思いが複雑に絡み合い、自己嫌悪に駆られ、「これじゃいけない」という思いになる。

社会問題とかに義憤を感じ、ネット上で正義感を振りかざし、ムキになって批判したりする人の心の中には、このような思いが渦巻いていたりする。

●「正しさ」を貫く人物の足を引っ張ろうとする心理

「正しさ」を振りかざす人がいる一方で、正論を吐く人に対して激しい攻撃性を向ける人がいる。

べつに「正しさ」を振りかざすといった感じではなく、なるほどと思える正論を冷静に口にしているだけなのに、それに対して異常に感情的になり、反発を示す人たちがいる。

たとえば、大学の図書館に専門書が乏しく、授業の参考になる本が街の図書館より乏しいという学生の不満があったため、図書充実の提案をしたり、実験実習の実験器具があまりに少なく授業でも待ち時間ばかりで、他の大学みたいに増やしてほしいという学生の声を耳にしたため、受講人数に見合った実験器具の補充を提案したりする教員に対して、「学生の人気取りをしている」、「大学から給料を貰《もら》ってるくせに、学生の味方みたいなポーズを取って、いったいどっちの味方なんだ」といった見当違いな批判が出てくる。

なぜ、だれでも納得できるような正論に対して、このような感情的な反発が出てくるのか。

それは、そのような正論を吐く人物がいると、正しいことを言えない自分がちっぽけに感じられるからだ。そこで、正当なことを、ごく冷静に主張する人物に対して、足を引っ張るような中傷をすることになる。

そこにあるのは妬みの心理だ。

「よけいなことを言って、上から睨《にら》まれたら大変だ」という思いから、正しいことも言えずにひたすら保身に走っている人物にとって、正論を堂々と口にする人物は、はっきり言って目障りなのだ。

こうして「正しさ」を貫こうとする人物は足を引っ張られることが多く、義憤に駆られ、つい過激な形で「正しさ」を振りかざしてしまいがちになるのである。

第5章
「正しさ」をゴリ押しする「危ない人」にみられる特徴

●自分の価値判断を絶対視する

「正しさ」をゴリ押しする人は、けっして自分が「ゴリ押し」しているとは思っていない。正しいことをふつうに主張しているつもりである。自分は絶対に正しいと思っているため、「ゴリ押し」しているつもりなどないのだ。

なぜ、それほどまでに自分の価値判断を絶対視できるのか。

それは、第2章で解説したように、認知的複雑性が低いからだ。つまり、いろんな視点に立ってものごとを多角的に見ることができず、ひとつの見方に凝り固まっているため、自分の見方を絶対視できるのだ。

認知的複雑性が高ければ、自分の考えが浮かんでも、「待てよ、違う見方もあるかもしれないな。もうちょっといろんな角度から考えてみよう」と慎重になるし、違う考えを主張する人がいると、「なるほど、そんな見方もできるかもしれないな」と共感できる。

だが、認知的複雑性が低いと、自分はこんなふうに考えるけど、視点が違えば見え方も違うから、人によっては違うふうに考えるかもしれない、といった発想がない。自分以外の視点を想像することができない。だから、自分の価値判断を絶対視し、自分と違う考え方をする人がいると、「それは間違ってる」といって攻撃したくなるのである。

●人の立場や気持ちに対する無関心

何が正しくて、何が正しくないか。その根拠となる理屈は、立場によって違ってくる。

たとえば、労使交渉でも、経営側には経営者の論理があり、労働者側には給与生活者としての論理がある。売る側には営利追求など商売をする者の論理があり、買う側には節約など生活者の論理がある。夫の側には夫の論理があり、妻の側には妻の論理がある。専業主婦には家事や子育てに専念している者の論理があり、働く女性には仕事と家事や子育ての両立に悩む者の論理がある。

立場が違えば、ものの見方が違うし、日々の出来事に伴う気持ちも違う。

たとえば、自分が車を運転しているときは赤信号にイライラするのに、自分が歩行者のときは赤信号を無視する車にイラッとくる。自分が歩行者のときは「横断歩道は歩行者優先だ」と言わんばかりに堂々とゆっくり歩いて渡る人が、バスに乗って急いでいるときはゆっくり歩く歩行者のせいでなかなか左折できないのに苛立《いらだ》ち、「さっさと渡れ、このボケ！」と心の中でつぶやいていたりする。

ゆえに、人の言動に腹が立ち、「それはおかしい」と言いたくなったときは、相手の立場や気持ちを想像してみることが必要なのである。自分には納得できない主張であっても、相手にとっては言わざるを得ない事情があるのかもしれない。

だが、「正しさ」をゴリ押しする人は、相手の立場や気持ちに対する想像力がない。だから自分の考えと違うことを主張する人物がいたり、自分の言い分が通じなかったりすると、「それはおかしい」、「あり得ない」といきり立つ。

非常に身近で単純な例を出せば、電車とかバスで、隣席に荷物を置いて寝ている人に、怒鳴るように席を詰めさせる人がいる。満員で立っている人がいるのに平気で隣席まで占領している非常識さに腹を立てるのは正しい。でも、もしかしたら寝始めた頃はガラガラに空《す》いていたから隣席に荷物を置いたのだが、そのまま寝ているため混んでいるのに気づいていないだけかもしれない。いずれ混んだときのことを想定せずに荷物を置いたのは軽率かもしれないが、怒鳴らずにふつうの言い方で詰めて貰《もら》えば、その場は気持ちよく収まっただろう。

わざわざ事を荒立てるような言い方で「正しさ」を振りかざすところに、相手の立場や気持ちに対する想像力の欠如があるのは間違いない。

●自分の思いばかりを一方的にしゃべり、相互性がない

このような自分が正しいと思うことを一方的にゴリ押しする人の特徴として、コミュニケーションの相互性の欠如がある。

ふつうは、自分の話をする際も、自分の話を聞いてもらいたいなら相手の話にも耳を傾けるものだ。そして、言いたいことを一方的にまくし立てるのではなく、相手の反応を見ながら、興味なさそうだったら話題を変え、共感している様子だったら詳しく話すなど、相手の反応に応じて話す内容や話し方を調整するものだ。

いわゆるセルフモニタリングができている。

セルフモニタリングとは、自分の言動が適切かどうかを周囲の反応をモニターしながらチェックする心の機能のことである。

「正しさ」をゴリ押しする人の場合は、セルフモニタリングがうまく機能していないのである。相手の反応を見ながら自分の言動を調整するということができない。

だから、相手がうんざりしていようが、気分を害そうが、言いたいことを一方的にまくし立てるのである。

●「自分は特別」といった雰囲気

「正しさ」をゴリ押しする人は、自分が絶対に正しいと思っているわけだが、そこには「自分は特別」といった意識がある。

自己愛というのはだれにもあるものだし、だれにとっても自分は特別だ。

しかし、極端に自己愛が強い人がいる。自分のことしか眼中になく、相手の都合や気持ちにはまったくお構いなしに自己主張し、自分の要求を突きつける。

たとえば、つぎのようなタイプが周囲にいたら要注意だ。

こっちには頼み事をしてくるのに、こっちが頼んでも「忙しくて余裕がない」とか「ちょっとそれは無理」とか言ってあっさり断る。

困ったことがあるとすぐに相談してくるのだが、こちらが困っているのがわかっても知らん顔をする。

だからといって、向こうの頼み事をこちらが断ったり、ちょっと相談したいと言われて「忙しくて今日は無理」と言ったりすると、不機嫌になり、あからさまに嫌味を言ったり、陰口を叩《たた》いたりする。

このように、相手のことにはまるで無関心なくせに、自分の思いは何でも叶《かな》うべきだと思っている。自分は特別といった意識が強く、みんなが自分のために動いてくれて当然と思っているのだ。そのため何でも一方的で、ギブ・アンド・テイクの関係が成り立たない。

このような自分は特別といった意識が強い人の心理的特徴をとらえるには、自己愛性パーソナリティ障害の診断基準が参考になる。

パーソナリティ障害とは、属する文化から期待されるものより著しく偏った内的経験や行動が持続的にみられるものをさす。そのような偏りとして、認知の歪《ゆが》み、感情反応の強さや不安定さ、対人関係の不安定さ、衝動コントロールの不適切さなどがある。

自己愛性パーソナリティ障害は、自分は特別といった意識を極端に強くもち、自分が活躍する夢を誇大妄想的に抱いているタイプをさす。

アメリカ精神医学会による精神疾患の診断マニュアルDSM－Ⅳ－TR（その後の改訂でも、これに関しては変更はない）では、誇大性、賞賛されたい欲求、共感性の欠如の3つが、自己愛性パーソナリティ障害に広く見られる特徴とされている。そして、つぎの9項目（筆者がわかりやすくアレンジしたものである）のうち5項目以上が当てはまれば、自己愛性パーソナリティ障害ということになる。

①実際以上に自分の才能や業績が優れていると思い込む
②限りない成功や権力や美しさ、あるいは愛の空想にとらわれる
③自分は特別な存在で凡人には理解されないと思っている
④限りなく賞賛を求める
⑤特権意識が強く、何かにつけて特別な取り計らいを期待する
⑥平気で人を利用する
⑦共感性が著しく乏しく、人の気持ちや欲求がわからない、あるいは気にしない
⑧嫉妬《しっと》深い、あるいはそれが投影されて、人が自分に嫉妬していると思い込む
⑨尊大で傲慢《ごうまん》

いくつもの項目が当てはまる人を、だれもが身近に思い浮かべることができるのではないか。根拠のない自信を持っている。自分は特別といった意識が強く、特別扱いしてくれないと怒り出す。賞賛を求め、ほめてくれないと機嫌を損ねる。平気で人を利用する。共感性が乏しく、人の気持ちに関心がない。自分より優れた成果を出す人や人気のある人に嫉妬する。

自己愛が刺激されがちな今の時代、このような人物はそこらじゅうにいるはずである。

このような人物は、敵意帰属バイアスをもち、衝動的で自分の感情コントロールが苦手なため、相手が思うような応対をしてくれないと攻撃的になるので、深入りすると危ないタイプと言える。

自分の「正しさ」をゴリ押しする人にも、そのような危ないタイプが含まれる。

●親しくなると極端に遠慮がなくなる

だれでも知り合ったばかりの相手に対しては、遠慮があるだけでなく、防衛的な心理も働くため、自分をそのままさらけ出すようなことはせずに、適度に抑制の利いた接し方をする。そして、相手の反応を見ながら徐々に型を崩し、少しずつ自分を出すようになっていく。

だが、知り合って、ちょっと親しく話すようになると、極端に遠慮がなくなる人がいる。そういうタイプはとくに危ない。

ふつうは多少親しくなり、あまり遠慮しなくてもよい間柄になっても、相手を尊重する気持ちは失わないし、自分の思いや欲求を押しつけたりはしない。親しき仲にも礼儀ありというように、いくら親しく話すようになったからといって、急に無遠慮にずうずうしい要求をするようなことはない。

だが、このタイプは、いったん親しげに言葉を交わすようになると、いきなりずうずうしくなる。いったん頼み事を引き受けると、つぎつぎに頼み事をしてくるようになる。いったん誘いに乗ると、しょっちゅう誘ってきて、悩みごとを相談されたり、愚痴を聞かされたりするようになる。

これはたまらないと距離を置こうとして、頼み事を断ったり、都合が悪いといって会わなかったりすると、

「そのくらいしてくれたっていいのに」

「なんでそんなに冷たいの」

などと恨みがましいことを言う。

引っ越したばかりで、まだ話す人がだれもいないときに知り合って、誘われるままにお茶をしたり、買い物に行ったりして、地域の情報をいろいろ教えてくれて助かったのだが、あまりに頻繁に誘ってくるため、自分の時間がほしいし、少し鬱陶《うっとう》しくなってきて、何度か断ったら、非常に気まずい雰囲気になり、

「あんなに親切にしてあげたのに、必要な情報だけ得たら、もう用なしだなんて、ひどく

ない？　恩知らずね」

などと、それまでの親切な感じから打って変わって攻撃的になったりする。

思い通りにならないと、悪態をつくだけでなく、周囲に悪評をばらまいたりして攻撃することがある。

配属先で真っ先に声をかけてくれたため親しくなり、しょっちゅう一緒に帰るようになり、時々帰りに食事したのだが、そのたびに愚痴や悩みばかり聞かされるようになり、ちょっとうんざりしてきて一緒に寄り道するのを断るようになったら、こちらが上司や先輩の悪口ばかり言っていたというような噂が職場で広まり、その人が言い触らしているのを知って唖然《あぜん》としたというケースもある。

このタイプの特徴は、少しでも親しくなると依存してきて、それを受け入れるとどんどんエスカレートしてくることだ。それで「もううんざりだ」、「もう無理」と思って距離を置こうとすると、打って変わって攻撃的態度に出る。

要するに、甘えが強く、人と適度な距離を取りつつつきあうことができないのだ。

自分の思いを相手はみんなわかってくれて当然と思っている。ゆえに、自分の期待に応《こた》えてくれないと、「そんなことはあってはいけない」といった感じで攻撃する。自分の一方的な「正しさ」をゴリ押ししようとするのである。

●他人をコントロールしようとする

「正しさ」をゴリ押しするタイプにみられる特徴として、他人をコントロールしようとする心理傾向がある。

人の考えや生き方を尊重しようという気持ちがなく、自分の価値観を押しつけようとする。自分がおかしいと思うことは相手もおかしいと思ってくれないとスッキリしない。そして、自分が正しいと思う考えに相手が賛成してくれないとイライラして、「こう思うのが当然だろう」、「なんでわからないんだ！」と攻撃的になる。

人それぞれに性格も違えば生い立ちも違う。そこで価値観も違ってくる。価値観が違えば、ものごとの優先順位が違うし、ものごとを見る視点も違う。ゆえに、こちらが向こうの考えや生き方をおかしいと思うように、向こうもこちらの考えや生き方をおかしいと思っている。そのことに思い至らないのだ。だから、独りよがりの正義感をかざして攻撃する。

私は、角川新書の前著『「過剰反応」社会の悪夢』の中で裏方で頑張る高校野球女子マネジャーがネット上で批判にさらされた例を紹介した。

夏の甲子園に出場したある高校野球部の選手たちを支える女子マネジャーが、難関校受験を目指す選抜クラスから普通クラスに変わってマネジャー業に徹したのが報われて嬉《うれ》しいと言っているといった報道がきっかけになって、女だからといって自分の将来を犠牲にして野球部員の裏方に徹するのはおかしい、性別役割分担による女性差別につながるといった批判が寄せられ、激しい論争になった事例である。

批判された女子マネジャーは、甲子園に連れてきてくれて選手のみんなに感謝しているし、普通クラスに移ったことも野球部を続けたこともまったく後悔していないし、自分のやってきたことに自信をもっていいかなと思うと言っている。さらに、こんなふうに話題になったことで推薦入試に有利になっただろうといったネット上の批判に対しても、これから勉強を頑張って推薦でなく一般入試を受けて、自分を叩いた人たちを見返してやりたいときっぱりと言ってのけた。

この事例ではまさに、人それぞれに生き方があるし、考えがあるのだということを踏まえずに、自分の視点が絶対正しいと思い込む人たちが、独りよがりの正義感でこの女子マネジャーや学校を叩いたのである。

だが、選手として主役になるかマネジャーとして脇役にまわるか、受験勉強を優先させるか部活を優先させるか、それは本人の問題であり、本人の自由である。

それがわからず、自分の視点を絶対化する人たちが、独りよがりの正義感を振りかざして、考え方が異なる人たちを攻撃する。

さらに言えば、だれもが主役にならなければならず、サポート役は負け組になるとでも言うのだろうか。そんな価値観をもっていたら、ほとんどの人が挫折《ざせつ》感を抱えて生きることになる。

演劇や映画の世界でも、俳優や監督だけが価値があり、サポート役の道具係や照明係、メイク係などの裏方は負け組で価値がないと言うのだろうか。あるいは俳優でも、主役だけが価値があり、脇役は負け組で価値がないと言うのだろうか。野球場に行けば、応援団やチアリーダーが必死の応援を繰り広げているが、あくまでも野球場の主役は選手なのだから、彼らは価値のない存在だと言うのだろうか。

「いや、それは違う」と思う人が多いはずだが、主役にしか価値を置かない人が少なからずいるため、「なぜウチの子が主役じゃないんですか」などとクレームがきてややこしいので、学芸会でみんなが主役になるような演出をする幼稚園や小学校が出てきているのである。

偏った視点から自分なりの「正しさ」をゴリ押しする人が、どうも増えているようである。人の意見に共感的に耳を傾け、理解しようといった姿勢がなく、相手の考えを無理やり変えさせようとする人物は要注意である。

●文句が多い

文句が多い人も危ない。世の中、何でも自分の思うようになるものではない。それなのに、思い通りにならないことに関して文句ばかり言う人がいる。

たとえば、ウチの会社は人事評価がおかしいと言ったり、上司は人使いが荒いから困ると言ったり、給料が安すぎると言ったり、あれこれと職場の愚痴ばかりこぼす。

ウチの女房は人の気持ちがわからず無神経だとか、やさしさがないから一緒にいて疲れるとか、ウチの旦那《だんな》は学歴が低くて話が合わないとか、稼ぎが悪くて困るなどと、配偶者についての愚痴ばかりこぼす。

支持政党が選挙で思うように票を伸ばせないというようなことはよくあることだし、文句を言っても仕方ないのに、支持政党に票が入らないなんて世の中おかしいと文句ばかり言う。

出世している友だちについて、学生の頃は自分の方がずっと成績が良かったのに、あいつは調子が良いからうまくいくのだと嘆く。

このように何かと文句の多い人の場合、思い通りにならないことがあるのは世の常だといった諦《あきら》めがない。

世の中、思い通りになることばかりじゃない、思い通りにならないことの方が多いものだと思っている人は、多少愚痴はこぼしても、そんなに文句ばかり言うことはない。

文句の多い人は、そのような割り切りができていない。あからさまに意識してはいないだろうが、自分の思うように物事が運ぶべきだというような期待を無意識のうちにもっている。いわば、すべてを自分の思うようにコントロールできないと気が済まない。だから、思い通りにならないことがあるたびに文句を言わずにいられないのだ。

このようなタイプは、欲求不満だらけであり、欲求不満—攻撃仮説に基づいて考えれば、何かのきっかけで独りよがりの正義感を振りかざして攻撃することになりがちと言える。

●疑問をぶつけられたり、頼み事を断られたりすると逆上する

人から批判されたり、自分の意見や提案に疑問を投げかけられたり、頼み事を断られたりすると、逆上する人がいる。このようなタイプも危ない。

人から意見されたり注意されたりするとムッとした感じになる人も同じだ。自分に対してケチをつけられたように感じるのだ。だから攻撃的な反応になる。

たとえば、部下に仕事を頼もうとしたのに、取引先から急《せ》かされている急ぎの書類作成に追われている部下から、

「すみません、先方から急かされてて、今すぐには取りかかれないんですけど……これが済んだら急いでやります」

と言われたら、それは仕方ないと思うのがふつうだ。ところが、

「わたしの指示に従えないって言うのか！」

と怒鳴ったり、

「そうか、こっちの仕事は優先度が低いってことだな」

と嫌味を言ったりする人がいる。自分が軽んじられていると思い込み、僻《ひが》んでいるのだ。

上司の言うことに勘違いがあるため、部下がそのことを指摘すると、

「そんなことわかってる」

と不機嫌になる人もいる。指摘して貰って助かったと思うより、自分を否定されたみたいに感じ、イラッとくるのである。

このようなタイプは、自分の意見や依頼が通らなかったりすると、自分が尊重されていないと感じて攻撃的になり、自分の「正しさ」をゴリ押ししようとする傾向がある。

●理屈は正しいものの、異様に感情的になる

社内で起こっていることがあまりに理不尽で、怒りが込み上げてくることもある。上司の横暴さに腹が立つこともある。取引先の担当者の態度や発言があまりに強引で失礼なため、憤りを感じることもある。だが、ふつうは、どんなに理不尽を感じたり、憤りを感じたりしても、自分の立場をわきまえて、感情を抑制し、無難な対応をするものだ。

もちろん、見て見ぬフリをするといった事なかれ主義に徹するのがよいというのではない。おかしいことが横行していたら、そこを指摘しなければならないときもある。

だが、必要以上に感情的になる人がいる。

社内で理不尽なことが行われていることを上役に相談し、何とかしてほしいと直訴するにしても、冷静な説明をすべきなのに、やたら感情的になって訴える。

上司と部下という立場を忘れたかのように、上司に対してキレる。取引先と業者という役割関係を忘れて、取引先に対して、「そんな言い方は失礼じゃないですか！」と怒鳴るように詰め寄る。

このように場違いなほどに感情的になる人は危ない。

言っている理屈は正しくても、その言い方に異様に感情的な激しさが感じられるタイプは、何かのときに「正しさ」をゴリ押しするような行動を取りがちだ。

問題は、理屈そのものにあるのではなく、感情的なところにあるのだ。感情コントロールができないことが、「正しさ」のゴリ押しにつながりやすいのである。

●人に対する評価が極端に変わる

人に対する評価が極端に変わる人も危ない。相手のことを極端に理想化し、何かにつけて誉め称《たた》えていたかと思うと、ある日突然こき下ろし始める。非常に好意的な評価だったはずなのに、突如として評価が反転するのだ。

たとえば、ついこの前まで「あの人はいい人だ」と好意的だった人物のことを突然悪く言い始める。こちらに対してとても好意的だと思っていたら、なぜだか急に素っ気ない態度になる。そうした徴候がみられたら要注意だ。

こちらに対して好意的な人だと思って安心してつきあっていると、そのうちとんでもない目に遭うことがある。親しくつきあっているつもりでいたのに、

「友だちだと思ってたけど、こんな人とは思わなかった」

と突然言われ、何を怒っているのか、わけがわからなかったという人がいる。

「信じてたのに。平気な顔して人のこと裏切るのね」

と言われて、何も心当たりがなく、何がどうなっているのかわからず戸惑ったという人もいる。

それまでの好意的な態度が突然攻撃的な態度に豹変《ひょうへん》するのだから、戸惑うのは当然だ。だが、向こうは、ほんとうに裏切られたような思いに駆られているのだ。だからややこしい。

これは、認知的複雑性が低く、ものの見方が単純な人にありがちなパターンだ。

思い込みが激しいため、相手のことを好意的にみているうちは、何でも好意的な色眼鏡で見るため、素晴らしい相手に見える。ところが、何か気に入らないことがあると、それまで好意的だったのが嘘のように、白黒反転してこき下ろすようになる。それまで好意的

にみていたからこそ、「裏切られた」ような気分にもなるのだろう。

このように、周囲の人に対する評価が突如として反転する人が周囲にいたら要注意である。

何か気にくわないことがあると、「裏切られた」、「こんな人とは思わなかった」と攻撃的になる。裏切るのは悪いことなので、正義感を振りかざして堂々とこちらのことを攻撃できる。

好かれればだれだって嬉しいものだが、こちらに対する好意的な評価がいつ反転し、攻撃してくるかわからないから危ないのである。

●他人の成功に落ち込む

だれにも比較意識はあるものだ。

カッコイイ友だちや美人の友だち、頭の良い友だちや学歴の高い友だち。そんな友だちと一緒にいると、ついみじめな思いに駆られたりする。

同僚が大きな仕事を受注して、「やったな、おめでとう」と祝福の言葉をかけながらも、「それに比べて自分は……」と落ち込む。

業績が評価され昇進した同期についての噂話をみんなでしているとき、「すごいなあ」と感心しながらも、差をつけられたといった気持ちも働いて落ち込む。

友だちから結婚が決まったという報告を受けて、「おめでとう。よかったね」と言いながらも、ひとりになるとどんよりした気分になり、ため息をついている。

そうした比較意識による複雑な思いは、だれもが多少は経験したことがあるだろう。身近な人物こそ比較の対象になる。普段かかわりのない部署のだれかが成功したところで、とくに感情は湧かない。だが、同じ部署やすぐ隣の部署の、しょっちゅう顔を合わせる同期が成功すると、比較意識が働き、妬《ねた》む気持ちが湧いたり、落ち込んだりする。

このように身近な人物の成功に落ち込むのは、だれにもありがちなことだが、それがしょっちゅうだったり、極端だったりする場合は要注意だ。

何かにつけて比較意識が働き、落ち込むタイプは、周囲でうまくいく人が出てくるたびに、ひそかに傷ついたり、落ち込んだりしており、日頃からかなりのストレスを溜《た》め込んでいる可能性がある。

欲求不満―攻撃仮説の言うように、ストレスを溜め込んでいる人は、攻撃性を秘めている。ゆえに、何かちょっとでも気に入らないことがあると、人の非を責め、「正しさ」を振りかざすかのように攻撃してきかねない。

●他人の幸せに苛立つ

「楽しそうにしている人を見るとムカつく」、「楽しそうな笑顔が溢《あふ》れてるから遊園地は嫌い」などという人がいる。何だか意地悪でひねくれた感じだが、これも比較意識のなせるわざと言える。

楽しそうな笑顔を見ていると、何も楽しいことのない自分がみじめに思えてくるのである。このような妬みと欲求不満が攻撃性を生み、何かにつけて人の粗探しをして、いかにも正論を振りかざして叩くような行動を取らせるのだ。

とくにややこしいのが劣等コンプレックスを抱えているタイプだ。

仕事でも人間関係でも容姿でも、何らかの点で自信があればよいのだが、何も自信がなく、「自分は何をやってもダメだ、うまくいかない」といった思いを抱えている人物は危ない。

そのような劣等コンプレックスの強い人物には、他人の無邪気な笑顔も「勝ち誇った表情」のように見えてしまう。そして、自分のことを見下しているように感じてしまうのだ。

たとえば、取引先への売り込みが功を奏して大きな受注をしたときなど、だれだって嬉しくて笑顔になる。それをみて、

「たまたまうまくいったからって、いい気になって、許せない」

などと陰口を叩く人がいる。なぜ許せないのか。それは、成功を鼻にかけて、こちらを見下しているように感じたからである。でも、実際は相手にはそんなつもりはまったくなかったりする。受注できたことを素直に喜んだだけなのに、劣等コンプレックスの強い人物は、勝ち誇っているように感じ、攻撃的な衝動に駆られ、

「自慢げで嫌らしい」

「人のことをバカにしてる」

などと難癖をつけて、一見正当な理由のもとに攻撃するのである。

そのような人物の心の深層には「見下され不安」がうごめいている。「軽く見られるんじゃないか」、「バカにされるんじゃないか」といった不安である。

自信のない人物は、そのような不安のせいで、人の素直な笑顔さえも嫌味なものに感じてしまうのだ。ゆえに、自信のない人物、そして何かにつけて人のことを「許せない！」と非難する人物には要注意である。

●対抗心が異常に強い

比較意識はだれにもあるものだが、見下され不安を抱える人物は、人からバカにされることを必要以上に怖れるため、人に対して優位に立っていないと気が済まない。

たとえば、能力面で実際に優位に立っているかどうかは別として、優位に立っていると思い込めれば安心なのだが、その思い込みを打ち砕かれることを異常に怖れるようなところがある。

そのため、会議でも、プライベートなつき合いの中でも、自分の意見や提案に反対されたりすると、ムキになって自分の「正しさ」を主張する。異常に対抗心が強い。「負けるものか」といった感じでムキになって自己主張する姿を見て周囲の人たちは「また始まった。なんでいつもああなんだ」と呆《あき》れる。

まさに「正しさ」のゴリ押しである。

「正しさ」のゴリ押しが、何か落ち度のある人物を叩くといった形を取る場合、そこに自分より目立つ人物や有能な人物を引きずりおろす心理が働いていることがある。

引きずりおろすというと嫌らしく、見苦しい感じになるため、相手の落ち度を探し、そこを指摘し批判するという体裁を取ることになるわけだ。

一見正論を吐いているようでありながら、感情の激しさがあり、「なんでそこまでムキになる必要があるのだろう」と感じられるような場合、その背景には強烈な対抗心による「引きずりおろしの心理」が働いているとみてよいだろう。

●腹立たしい相手を関係性攻撃で追い詰める

言っていることは一見正しいようなのだが、それにしてもそこまで責めなくてもいいのにと思うことがある。

たとえば、共通の知人について、その落ち度をやり玉に挙げて責めるのだが、そんなに大したことではないのに、いかにも大ごとであるかのように責め立てる。

そのようなタイプは、じつは妬みとか欲求不満によって高まった攻撃的な衝動を、一見正当な理屈をつけて人を攻撃することで発散させているのだ、ということはすでに指摘した。ときにそれがやり過ぎになることがあり、周囲の人間は混乱させられる。

よくあるのが関係性攻撃である。関係性攻撃というのは、人間関係を悪意で操作しようとすることで、悪い噂を流したり、不信感を煽《あお》るように情報をわざと歪めて流したり、仲間外れにしたりすることを指す。

SNSが発達し、多くの人がスマホでSNSをしている現在、ネットによる関係性攻撃はそこらじゅうで行われている。

たとえば、「○○さんがこんなことを言ってた。信じられない！」といった書き込みをすると、あっという間にその情報が知人の間に広まる。その結果、批判された人物が大いに傷つくだけでなく、それを読んだ知人たちも「そんなことを言うなんて、酷《ひど》い！」と同調したり、「ほんとにそんなこと言ったの？」と疑惑をもったり、「なんでそんなことを言ったんだろう？」とその気持ちを理解しようとしたり、「まさか。そんなことを言う人じゃないよ」と反論したりで、かかわりのある人たちの間に混乱が生じる。

関係性攻撃が行われるのはネット上にかぎらない。職場で、上司にそれとなく告げ口のようなことをしたり、別の部下に対する不信感を生じさせるような情報を事実を歪めて伝えたりする人がいる。

たとえば、交渉がもう少し進んでから報告しようと思っていたのに、上司に報告せずに勝手に進めているというようなことを上司に耳打ちする。あるいは、だれの悪口も言っていないのに、いかにも仲間たちのことを悪く言っていたかのような噂を周囲に広めたりする。

本人は、自分が妬みから関係性攻撃をしているということは意識しないため、勝手に進めている人物や仲間の悪口を言う人物など落ち度のある人物を正当に非難しているつもりだったりする。

だが、じつはそれは見せかけの正義感で関係性攻撃をしているのである。その証拠に、攻撃の対象は、いつも仕事のできる人だったり、上司から気に入られている人だったり、仲間から人気のある人だったりする。

妬ましい人物を引きずりおろそうという心理で動いているわけだ。

●悪者を叩くことに異常に執念を燃やす

言いがかりではなく、ほんとうに相手が悪いとしても、その叩き方に恐ろしい執念を感じさせる人物がいる。何らかの落ち度がある人物や組織を批判しているのはわかるが、その叩き方が容赦ない。

このところクレーマーという言葉が定着したように、落ち度のある人物や組織を叩くことに異常な執念を燃やす人が増えている。

ネットの影響も大きい。だれもが書き込み発信できるネット空間では、自分の声が多くの人々の目に触れるため、相手に大きなダメージを与えることができるし、自分の力を誇示することができる。それによる自己効力感が、悪者を叩くという行為に執念を燃やさせる。

言っていることはまさに正論であり、相手に明らかに落ち度があるのであっても、その容赦のなさに危なさが匂う。

なぜそこまで容赦ないのか。そこには、異常に強い攻撃性が漂う。

結局、自分の中にものすごい攻撃性が充満しており、それを発散する機会を窺《うかが》っているのだが、うっかり発散するとおかしな人になってしまうので、落ち度のある人物や組織を常に探しているのである。

そのような対象が見つかれば、正義感を振りかざす形で、堂々と攻撃性を発散できる。ゆえに、対象がたとえほんとうに落ち度のある人物や組織であっても、そのような対象を叩くことに異常に執念を燃やす人物、その叩き方が容赦ない人物は、いつ攻撃性がこちらに向かってくるかわからないので要注意である。

●ふつうの感覚が通じないサイコパス

これまでにみてきた危ない人の特徴は、それほど極端な形でなければ、多くの人が共感できるものと言える。だが、ネット私刑と言われるような事例や身近な人物をネット上で中傷したり、関係性攻撃を加えたりする事例の中には、なぜそこまで容赦ない攻撃をするのか共感不可能なものもある。

ネット上で中傷された人がどれだけ傷つくか、そんな写真をばらまかれたら相手はどんな立場に追い込まれるか、そんな書き込みをされたら店の人がどれほど困るか、といった視点が一切ない。自分が一方的な視点から攻撃したせいで、周囲から白い目で見られるようになる人が出たり、客足が遠のいて経営が行き詰まる店が出たりしても、良心の呵責《かしやく》がない。

そのような事例で疑われるのはサイコパスである。

心理学者ヘアによれば、サイコパスというのは、異常人格の一種で、人と気持ちを分かち合ったり他人と温かな情を交わし合ったりする能力に欠け、自己中心的で、無神経で、後悔の念のない人間のことである。

良心の抑制がきかず何でもしでかしてしまい、とくに他人の痛みや苦しみを思いやる能力が完全に欠落している。

ヘアによれば、このようなサイコパスは、北アメリカには少なくとも200万人もいると推定されるが、これは控えめな数字だそうだ。そのような危険人物が、ほんとうにそんなにいるのかと驚くかもしれないが、日本人は北米人ほど攻撃的でないので、その存在比率は北米よりかなり低いと思われる。

精神医学の領域では、サイコパスは反社会性人格障害に属するものとみなされているが、ヘアによれば、反社会性人格障害や犯罪者のほとんどがサイコパスではないし、サイコパスには犯罪を行う者もいるが、社会の中でふつうに暮らしている者もいるし、必ずしも反社会的な行動をするわけではない。

つまり、サイコパスと言ってもよいような冷酷な人格であっても、社会で活躍している人もいる。たとえば、起業して成功した人たちの中には、自分勝手で、攻撃的で、他人の気持ちを配慮しないような人物も少なくない。

ヘアは、反社会性人格障害とサイコパスは、必ずしも重ならないとし、サイコパスを見分けるためのチェックリストを示している。

それは、以下のように、感情・対人関係の特徴と社会的異常性の2つの側面からチェックするようになっている（ロバート・D・ヘア　小林宏明訳『診断名サイコパス―身近にひそむ異常人格者たち』早川書房）。

感情・対人関係の特徴

・口達者で皮相的
・自己中心的で傲慢
・良心の呵責や罪悪感の欠如
・共感能力の欠如
・ずるく、ごまかしがうまい
・浅い感情

社会的異常性

・衝動的
・行動をコントロールすることが苦手
・興奮がないとやっていけない
・責任感の欠如
・幼い頃の問題行動

・成人してからの反社会的行動

この中のとくに自己中心性、良心の呵責の欠如、浅い感情、ごまかすことのうまさは、根深い共感能力の欠如と密接な関係にあるという。他人の感情にまったく関心がなく、人の身になって考えることができないのである。

普段の言動からこのような徴候が窺える場合は、かなり危険な人物である可能性が高いので要注意である。

第6章　「正義の人」が「危ない人」に変わる瞬間

これまでの各章で、「正しさ」をゴリ押しする人の深層心理や、「正しいこと」が通らない今の時代を生きる人たちの苛立《いらだ》ち、「正しさ」をゴリ押しする「危ない人」にみられがちな特徴について解説してきた。これらを組み合わせると、「正義の人」が「危ない人」に変わるときの心理メカニズムがわかる。

そこで、この章では、これまでに示してきた知見を組み合わせて、「正義の人」が「危ない人」に変貌《へんぼう》する心理メカニズムについて整理しておくことにしたい。

●「正義の人」のはずが、いつのまにか「危ない人」に

間違ったこと、理不尽なことが行われていたら、見て見ぬフリをせずに、それを指摘して正すのがあるべき姿だ。正しいこと、正論を吐くことは、けっして悪いことではない。むしろ正義感が乏しく、平気で不正をはたらいたり、人を騙《だま》すようなことを平気でしたり、いい加減な仕事をしたりする人、あるいはそういったことを他人事《ひとごと》として傍観する人や保身のために口をつぐむ人と比べて、よほど立派な姿勢と言える。

だが、問題となるのは、本人は正しいことをしているつもりであっても、人を傷つける

ようなことを平気でしている場合だ。

たとえば、序章で事例を示したように、配偶者を亡くした役者を叩《たた》く人や被災者であるタレントを叩く人。本人は、自分なりの正義感から、「これは許し難い」と思って叩いているわけで、「正義の人」のつもりなのだろうが、実際は独りよがりの正義感を振りかざして平気で人を傷つける「危ない人」になっている。

意地悪をしたり、嫌がらせをしたりしているつもりの人なら後ろめたさを感じるものだが、本人は正しいことをしているつもりなだけに、その攻撃の仕方は容赦ない。そこが危ないのだ。

●なぜ身近な人が「危ない人」に豹変するのか？

「まさか、あの人が」と驚くことがある。

ネット上で、知らない人のブログに行き着き、店員の態度が悪かったといって、店を責める過激な書き込みを読んでいると、どうも自分もその場面にいたような気がしてくる。状況設定が、自分が昨夜居合わせた場面とあまりに似ている。店員と客のやりとりもまったく一緒。そこで、クレームをつけている人のブログをいろいろ見ていくと、職場の人間をこきおろす書き込みもあり、その人物像や状況からして、自分の同僚に間違いないとわかり、まさか、あのいつも笑顔で穏やかそうな人がこんな攻撃的な書き込みをしているなんてと驚く。

そのような驚きの経験をしたという話もよく耳にする。だが、もっと衝撃的な「まさか、あの人が」という状況がある。それは、思いがけない人が自分のことを悪く言っている場合だ。

陰で自分のことを悪く言っている人がいる、ネット上で相当酷《ひど》いことを書かれていると聞いて、気分が悪いけど仕方なく読んでみたら、内容からして、書いたのはいつも仲良く一緒にお昼を食べている同僚だった。そんなショックな出来事を口にする人もいるが、まさに「まさか、あの人が……」である。

たとえば、つき合っている人から冷たいことを言われケンカになったことを話し、「失恋したかも」と言うと、「ひどい話だね。それは辛《つら》いね。でも、きっと大丈夫、修復できるよ」と共感し、励ましてくれていたのに、即座にSNSで、「失恋したみたい。相当落ち込んでたよ。ラブラブだって言ってたのに、笑っちゃうね」とあざ笑うような書き込みをしていたのを知ってショックだったという人がいる。

その背景には、自分には恋人なんていないのに「ずるい！」というような思いとか、自分はもてないけどあの人はちょっとキレイだからってモテて「ずるい！」といった思いがあったのではないか。

しばらく転勤なんかないだろうと思ってマンションを購入したばかりなのに、いきなり地方への異動が決まり、「参ったよ、どうしたらいいんだろう」と途方に暮れていると、「お前が地方に飛ばされるとはな。マンション買ったばかりだろ。どうするんだ？」と心配顔で声をかけてくれた同期の友だちが、他の同期に「あいつ地方に飛ばされたぜ。しかも、マンション買ったばかりなんだよな。前の部長に気に入られて調子に乗ってたから、良い薬だな」などと楽しそうに言っていたと聞き、友だちだと思っていただけに、すごいショックを受けたという人もいる。

その背景には、同期なのに差をつけられて悔しい、上司から気に入られて「ずるい！」というような思いがあったに違いない。

このように、「まさか、あの人がこっちの不幸を喜ぶなんて……」と衝撃を受けるようなことは、意外によくあるようだ。いずれも、その背後にあるのは妬《ねた》みだ。

そうしたケースでは、だれもが「まさか、あの人が」と、あまりの思いがけなさにショックを受ける。友だちと思っていた人が、「いい気味だ」と思ってせせら笑っていたなどと知れば、だれだって傷つき、ショックを受ける。

だが、身近な相手こそ、「危ない人」に変わる可能性があるということは覚えておきたい。それは、身近な相手こそ「比較心理」が働き、妬みを生みやすいからだ。

あまり縁のない人、ほとんど関わりのない人は、こちらに対して好意的感情もない代わりに、妬みによる攻撃的感情もない。身近な相手だからこそ、好意的感情が湧くことがあれば、妬みによる攻撃的感情が湧くこともある。

●自己評価維持モデルによれば、身近な人こそ危ない

その背景にある心理メカニズムは、心理学者テッサーが提唱した自己評価維持モデルによって説明できる。

自己評価維持モデルでは、人間関係の中で自己評価を上昇させたり下降させたりする心理的過程として、反映過程と比較過程を対比させている。

反映過程とは、身近な人物の優れた属性や業績の栄光に浴して自己評価が上昇する心の動きを指す。素晴らしい人物と自分を同一視すること（重ねること）で自己評価を上げる

わけだ。

たとえば、昔の同級生やちょっとした知人が、サッカー選手として活躍して有名になったり、ニュースキャスターとして活躍していたり、歌手としてデビューしてヒット曲がでたりすると、なぜか自分まで誇らしい気分になり、周囲の人に「私、あの子と友だちなんだ」などと自慢したくなる。それまではとくに親しいといった思いはなかったのに、やけに親しげな気持ちになる。それによって自己評価を高めているのだ。

いわば、自己評価を高めるために、活躍している友だちや知人との心理的距離を縮めるのである。有名になった途端に、つきあいのなかった親戚《しんせき》や元同級生から連絡が来るようになったという話がよくあるが、それはこの反映過程によって自己評価を高めようとする心理メカニズムによるものと言える。

一方、比較過程とは、身近な人物の優れた属性や業績との比較により自己評価が低下したり、反対に身近な人物の劣った属性や業績との比較により自己評価が上昇したりするといった心の動きを指す。

たとえば、友だちとか職場の同僚とか身近な知人が、起業で成功して注目されていたり、社会人野球で活躍していたり、大きな成果を上げて社内で昇進したりすると、「あんなに活躍してるのに、自分は何やってるんだろう……」と落ち込み、自己評価が低下する。

あるいは逆に、友だちや職場の同僚など身近な知人が職場でパッとしなかったり、プロジェクトで失敗したりすると、「あれに比べたら、自分の方がまだマシだな」といった思いになり、同情しつつも気持ちに余裕ができ、自己評価が上昇する。

反映過程と比較過程、どちらの心理過程が動き出すかは、そのときに問題になっている属性や業績への本人の関与度（重要視し、関心をもつ程度）によって決まってくる。つまり、自分にとって重要な属性や業績が問題となる場合は、比較過程が活性化されやすい。

たとえば、異性にモテたいという思いが強い人は、容姿は強い関心のある要素であるため、比較過程が働き、身近な相手が美人だったり、カッコ良かったりすると、「それに比べて自分はみじめだ」と感じ、自己評価が低下する。そのダメージを最小限に抑えるために、「人は見かけじゃない」と容姿の価値を貶《おとし》めたり、その人物に冷たい態度を取って心理的距離を置こうとしたりする。

「あの人は、ちょっとモテるからっていい気になってる」などと悪口を言い触らしたりするのも、自己評価を低下させる人物に対する妬み感情によるものと言える。

身近な人が幸せだとみじめな気持ちになるのも、そこに比較過程が働いているからだ。

たとえば、結婚願望が強い人にとっては、友だちとか同僚など身近な人物が婚約したとか結婚するとかいう情報は、比較過程により自己評価を下げさせるものとなる。そのため、「べつに、自分は結婚願望なんてないし」と心にもないことを言ったり、結婚する人物のことを中傷するようなことを言ったりすることがある。それも、自己評価を下げさせる人物に対する妬み感情のなせるわざと言える。

こうしてみると、なぜ身近な人が「危ない人」に豹変《ひょうへん》しやすいのかがわかるだろう。何とも淋《さび》しいことではあるが、身近な相手ほど、油断は禁物というわけだ。自己意識をもつ人間は、それほど弱い生き物なのである。

●なぜ「正義の人」が「危ない人」に変わるのか？

第4章で「正しいこと」が行われず、正論が通じない今の世の中の空気に対する苛立ちがみられることを指摘した。

政治など社会問題にかぎらず、職場でも理不尽がまかり通り、正しいことを主張しにくい雰囲気がある。職場の権力者は、国の政治でさえあんなふうに利害が絡む裏取引ですべてが決まるのだから、これで良いのだと開き直るかのように、汚いことを平気でやってくる。

　そんな現実に対する苛立ちが、攻撃的な気分を生む。自分に対して理不尽な権力を振りかざす許し難い人物や、陰で汚い手を使ってうまい汁を吸っている社内の人物に対して、正論をぶつけて叩いてやりたい思いはあっても、現実にそれは難しい。そのため、ますます攻撃的衝動が込み上げてくる。

　そのやり場のない攻撃性を発散する対象を外に求める。社内の敵に向けるのは危険なため、安全な場所に身を置いて、ネット上で落ち度のある人物を探し、攻撃することで発散するしかない。

　そこで、被災者を傷つける失言をした政治家やタレント、不倫が暴かれた政治家やタレント、生徒に体罰をした教師など、ネット上で叩かれている人物がいると、それに便乗して叩くことで、攻撃性を思い切り発散することになる。

　ときに、ほんとうに非難されるべき言動があったわけではないのに、叩きたい衝動が強すぎて、落ち度のない人まで揚げ足取りをしたりして叩くことになる。こうなると、もはや「危険な人」に他ならない。

　もともとは「正しいこと」が通らず、「いかがわしいこと」がまかり通る現実に対する義憤に駆られる「正義の人」だったはずなのだが、現実には「正義感」に基づく行動を取るのが難しいため、溜《た》め込んだ鬱憤《うっぷん》を安全な形で晴らそうとする。そのときに「危険な人」になってしまうのである。

●認知の歪みが「歪んだ正義感」を生む

「正義の人」が「危ない人」に変わるきっかけをみると、そこにはどうも「ものの見方」、つまり認知の歪《ゆが》みが絡んでいるように思わざるを得ない。

ふつうなら何も感じない言動にも悪意を読み取り、許せない思いに駆られて攻撃する。どうも頭の中の情報処理システムに歪みが生じているように思われてならない。

心理学者クリックとドッジが提唱する社会的情報処理モデルでは、相手の言動のような社会的情報の処理は、つぎの６つの段階を経て進行すると考える。

①外的および内的手がかりの符号化
②手がかりの解釈
③目標の明確化
④反応の検討

⑤反応決定
⑥実行
たとえば、相手の言動やそれによって生じた自分の気持ちに着目し、相手の言動のもつ意味を解釈し、どんな対応をするかを考え、そのための反応の仕方を検討し、反応を決定し、それを実行に移す。この中でとくに重要なのが「手がかりの解釈」である。

他者の言動に対して、「侮辱された」と解釈し、「失礼だ！」、「許せない！」といきり立つ人もいれば、「ユーモアのあるからかい」と解釈し、一緒になって笑う人もいる。相手の言動をどのように解釈するかによって、それに対する反応は180度違ってきたりする。

「危ない人」は、この解釈がどうもネガティブな方向に歪んでいるのである。

ふつうならとくに不快になることもない他者の言動にも、いちいち腹を立てたり、許せない思いに駆られたりする。周囲の人たちは、なぜそこまでムキになるのか、そんなふうにひねくれた受け止め方をしなくてもいいのにと不思議に思うのだが、本人は本気で失礼な言動と受け止めたり、人を傷つける許し難い言動とみなしていたりする。

そこにあるのが、他者の言動を悪意に解釈する認知の歪みである。

その歪みのせいで、こちらには何の悪意もないのに誤解され、ちゃんと説明すればわかってもらえるはずと思ってもわかってもらえず、謂《い》われのない攻撃を受けることになる。それでも向こうは、こちらが悪いと本気で思っており、「正義感」で動いているつもりでいる。まさに「歪んだ正義感」である。

このような認知の歪みが、先に簡単に触れた敵意帰属バイアスである。それは、他者の言動を敵意に帰属させる、つまり敵意を持っているからだとみなす認知傾向の歪みのことである。

たとえば、べつにバカにしたことなど言っていないのに、「バカにされた」と勝手に思い込み、「バカにするな!」と言わんばかりに対抗心を剝《む》き出しにして攻撃してくる。

あるいは、被災者を突き放すようなことを言ったつもりもないし、被災者自身もそんなふうには感じないのに、「被災者を傷つけている」といって批判し、攻撃的なことを言ってくる。

このような敵意帰属バイアスをもつ人物ほど、自分に敵意を向けてくる相手への報復という意味で、相手に対して攻撃行動を示しやすい。

友だちを仲間外れにしようとしたり、無視しようとしたりと、関係性攻撃が目立つ人物の場合、自分自身が関係性攻撃の被害に遭っていて、それに対する報復だというような意識をもっていることが多い。友だちの何気ない言葉や態度に敵意を感じ、「仲間外れにしようとしてる」、「こっちのことを嫌ってる」などと悪意に満ちた解釈をするのである。そこにあるのが敵意帰属バイアスだ。その結果、相手を攻撃するのである。

●疑い深さや自信のなさが認知の歪みを生む

そうした敵意帰属バイアスのような認知の歪みの背後には、基本的信頼感の欠如や見下され不安が潜んでいる。

人を信頼する心理傾向をもつ人は、他人に対して好意的な態度を取り、人の言動も好意的に解釈する傾向がある。それに対して、基本的に人のことを信頼していない人の場合は、他人に対する警戒心が強く、人の言動にも裏があるのではないか、悪意があるのではないかと用心深くなる。

そのように他人への不信感が強すぎるとき、相手には何の悪意もないのに敵意帰属バイアスが生じ、勝手に敵意を読み取り、反撃に出たりするのである。

自信がなく、見下され不安を抱える人も、「バカにされるのではないか」、「軽く見られるのではないか」といった不安が強いため、人のちょっとした言動にも「バカにしてる」、

「軽んじてる」などと敵意帰属バイアスで歪んだ反応を示し、反撃に出ることになりやすい。

暴力的犯罪者や非行者には敵意帰属バイアスが顕著にみられるという研究報告もあるが、ごくふつうの人でも、敵意帰属バイアスを強く示す人ほど攻撃行動を取りやすいことがわかっている。

こうしてみると、生い立ちなど人生経験の影響で疑い深い人や自信のない人は、敵意帰属バイアスによって認知が歪む可能性があるため、危険をはらんでいると言える。

●落ち込みやすい心が認知の歪みを生む

落ち込みやすく、気分の不安定な人も、認知の歪みを起こしやすい。

実際、落ち込みやすい友だちに同情し、気を遣ったり励ましたりと親切にしてきたのに、ある時ものすごく攻撃的な態度を取られてビックリしたというのも、よくあることだ。

たとえば、落ち込みやすい部下に気を遣い、きつい言い方はしないようにして、できるだけやさしく配慮してきたつもりなのに、パワハラを受けているといった不穏な噂を流され、周囲から誤解を受けてひどい目に遭ったので、落ち込みやすい人は怖い、もうかかわりたくないなどという管理職の話もよく耳にする。

気分が不安定で落ち込みやすい人物は危ない。落ち込みやすい人の心の深層には、どうも攻撃的な心理が潜んでいるようだ。

攻撃性と抑うつの間には深い関係があることもわかっている。

相手に暴力を振るったり、面と向かって嫌な態度を取ったり、嫌なことを言ったりとあからさまな攻撃をする人にも、悪い噂を流したり、仲間外れにしようとしたりと関係性攻撃をする人にも、抑うつ傾向がみられることが、心理学の研究によって証明されている。

攻撃的な人物は人に敵意をもつ傾向が強いことが心理学の研究で示されているが、抑うつ傾向のある人物には敵意をもつ傾向がみられるのである。

そこで、まず考えられるのが、抑うつ傾向のある者は敵意帰属バイアスをもつということである。

抑うつ傾向があり、気分が沈みがちな人は、陽気な周囲の人たちにイライラしたり、わけもなくすぐに沈み込む自分に苛立ったりしやすい。そうしたイライラが攻撃衝動を生み、攻撃的な反応を生じさせる。このような形で、抑うつによるイライラが攻撃的な反応につながりやすいのである。

友だちが落ち込んでいるので励まそうと思って声をかけたら、「ホンネでは、いい気味だと思ってるんだろう」と反発されて啞然《あぜん》としたという人もいる。落ち込んでいる同僚を元気づけようと思って食事に誘ったら、「落ち込んでる相手といると、自分が優位に立てて気分いいんだろ？」と嫌味を言われて愕然《がくぜん》としたという人もいる。

落ち込んでいる人の心には、敵意帰属バイアスが働きやすく、相手の言動が自分を傷つけるものに感じられ、防衛本能からつい攻撃的な反応をしてしまうのである。

実際、抑うつ傾向のある人物は相手に敵意をもつ傾向が強いことが、心理学的研究により証明されている。

抑うつ傾向のある人物は、物事を否定的にとらえる認知傾向をもつ。何ごとに関してもネガティブに受け止める認知の歪みをもっている。だから気分が沈むのである。

ものごとをネガティブにとらえる傾向のある人物は、当然相手の言動も否定的にとらえやすいため、敵意を感じやすい。

相手には何の悪気もないのに、勝手に敵意を感じる。親切で言った言葉にさえも敵意を感じる。いわば、敵意帰属バイアスが働いて歪んだ解釈をするのである。ゆえに、相手が気を遣いながら親切にかかわっていたとしても、歪んだ認知によって敵意を感じ、相手を批判し始める。

本人は、認知の歪みにより、本気で相手を酷い人物だと思い込んでいるわけだから、その「歪んだ正義感」を振りかざして、相手を攻撃する。このようにして、落ち込みやすい人は、「正義の人」のつもりでありながら、実際は「危ない人」になってしまうのである。

うつ的な気分は脳機能とも関連があるようだ。うつなどの気分障害では、前頭前野の機能低下により、扁桃体《へんとうたい》の制御機能がうまく作用しないため、無害な刺激にまで危険を感じ、不安や恐怖といった感情を生じやすい。それがうつにもつながるし、攻撃的反応にもつながるのである。

こうしてみると、落ち込みやすい人物に安易にかかわると、敵意帰属バイアスが働き、思いがけない攻撃に遭うこともあるので、注意が必要である。そのような人物は、相手が悪いと本気で思い込んでいるため、「歪んだ正義感」を振りかざして容赦なく攻撃してくるので、まさに「危ない人」になりやすい。

榎本博明（えのもとひろあき）
心理学博士。1955年東京生まれ。東京大学教育心理学科卒。東芝市場調査課勤務の後、東京都立大学大学院心理学専攻博士課程で学ぶ。カリフォルニア大学客員研究員、大阪大学大学院助教授等を経て、現在、MP人間科学研究所代表、産業能率大学兼任講師。心理学をベースにした企業研修、教育講演を行っている。著書に『「過剰反応」社会の悪夢』（角川新書）、『思考停止という病理』（平凡社新書）、『自己肯定感という呪縛』（青春新書インテリジェンス）など多数。

正《ただ》しさをゴリ押《お》しする人《ひと》

榎本博明《えのもとひろあき》

2017年10月10日　初版発行
2024年 3 月30日　再版発行

◆◇◇

発行者　山下直久
発　行　株式会社KADOKAWA
〒102-8177　東京都千代田区富士見2-13-3
電話　0570-002-301（ナビダイヤル）

装丁者　緒方修一（ラーフイン・ワークショップ）
ロゴデザイン　good design company
オビデザイン　Zapp!　白金正之
印刷所　株式会社KADOKAWA
製本所　株式会社KADOKAWA

角川新書

ISBN978-4-04-082119-1 C0295

KADOKAWAの新書 ❦ 好評既刊

文春砲
スクープはいかにして生まれるのか?

週刊文春編集部

大物政治家の金銭スキャンダルから芸能人のゲス不倫まで、幅広くスクープを連発する週刊文春編集部。なぜ週刊文春はスクープを取れるのか? その取材の舞台裏を、編集長と辣腕デスクたちによる解説と、再現ドキュメントにより公開する。

運は実力を超える

植島啓司

運も実力のうちといわれるが、運を必然のように引き寄せられる人こそ、好機をとらえることができる。仕事、恋愛、ギャンブル……、人生の多くの局面で実力を発揮するために、運の本質とは何かを探求していく。

老いる東京

佐々木信夫

首都・東京の生活都市としての寿命は待ったなし。待機児童、高齢者対策に加え、建設から50年以上経つ道路や橋などインフラの劣化も進んでいる。深刻化する東京の諸問題に、都政を長年見てきた著者が切り込む。

自発的対米従属
知られざる「ワシントン拡声器」

猿田佐世

これまでの日米外交は、アメリカの少人数の「知日派」と日本の政治家やマスコミが互いに利用しあい政策を実現するという「みせかけの対米従属」によって動いてきた。ワシントンでロビー活動に長年携わった著者による緊急提言。

したたかな魚たち

松浦啓一

60度傾いて泳ぐ、目が頭の上を移動、子育ては口の中で……これ、本当にいる魚の話。行動の理由はただ一つ、1%未満の確率をくぐって子孫を残すため! 必死でけなげ、でもどこかユーモラスな魚たちの生き残り作戦を紹介します。